विश्वरथ
(विश्वामित्र)

प्रबन्ध महाकाव्य

विश्वरथ

विश्वामित्र

कृष्णकान्त 'एकलव्य'

लोकभारती प्रकाशन

लोकभारती प्रकाशन
पहली मंजिल, दरबारी बिल्डिंग, महात्मा गाँधी मार्ग
इलाहाबाद-211 001

वेबसाइट : www.lokbhartiprakashan.com
ईमेल : info@lokbhartiprakashan.com

शाखाएँ : 1-बी, नेताजी सुभाष मार्ग, दरियागंज
नई दिल्ली-110 002
अशोक राजपथ, साइंस कॉलेज के सामने
पटना-800 006 (बिहार)
36-ए, शेक्सपियर सरणी
कोलकाता-700 017

मूल्य : ₹ 400

प्रथम संस्करण : 2018

जे.आर्ट प्रेस
इलाहाबाद द्वारा मुद्रित

VISHWARATH
by Krishnakant 'Eklavya'

ISBN : 978-93-88211-21-5

क्रम

प्रथम सर्ग

नव सृष्टि

महाप्रलय की
साँय-साँय करती नीरवता
ब्रह्मतत्त्व में लीन
प्रकृति सत्ताच्युत
व्योम, न धरती
केवल मुक्त छलकते सागर
मौन तोड़ती लहरें...
अन्तस्तल में
शेषनाग की पद्मकुण्डली
शान्त-क्लांत देदीप्यमान
मणिफणि पर सोये
आपतत्त्व के रूप
परम ज्योर्तिमय
नित्य, अजन्मा 'विष्णु' अकेले शेष
समाहित किये, जगत् को
स्वयं, स्वयम् में खोये...

बोझिल आँखे झुकीं
नाभि के कमलनाल से
प्रकटे 'ब्रह्मा'

सहसा अंतर्धान हो गये
अंतर्यामी
किन्तु देर तक
जल-तरंग पर
ध्वनि-तरंग की प्रतिध्वनि
गूँजती रही सनातन वाणी-

'महामते'
आश्चर्य चकित क्यो?
प्राकृत की अभिव्यक्ति
तामसी रुद्र रूप यह
यही चरम परिणति है
रचना, पोषण, ध्वंस
सृष्टि की यही प्रक्रिया
यही नियति है

अस्तु,
रजोगुणयुक्त, तुम्हें
फिर मूर्तरूप में
प्रादुर्भूत किया है
मंगलमय
मन, प्राण, वाक्
शाश्वत स्वरूप
मैंने आहूत किया है...

शुभ मुहूर्त
यह, तुम्हें दे रहा हूँ
विराट् की सृजनशक्ति

लो वत्स, सम्हालो
मेरी सत्ता के निमित्त
तुम नयी सृष्टि
रच डालो...

अधिचेतन में
नमन किया
कहकर–तथास्तु,
स्मित की रेखा
थिरक उठी अधरों पर
अरुणिम
दिव्य कान्ति फूटी
काया से विधि की

आह्लादित हो
लगे देखने दृश्य
दूर निस्तब्ध निशा में
बृहद् शून्य पर टँगी
नीलिमी चादर
बिछी चतुर्दिक् थी
अनंत जलराशि
छलकते निधि की...

प्रबल वेग उच्छ्वास
नेत्र विस्फारित
चंचल
तालबद्ध, उत्ताल
भाल तक उठती लहरें

उद्वेलित कल्पना
पुलक कर
रोम-रोम में
पुण्य-शंख ध्वनि-सी
मानस में गूँज रही थी,
देव भावविह्वल थे...

नयी सृष्टि के लिए
समर्पित,
और
पूर्ण प्रतिबद्ध
शान्त अविचल थे...

सहज हुई भंगिमा
भाव चेतन से
जगी सृजन की शक्ति
महत्त्वाकांक्षा कृति की
मुख गह्वर से वेद
पुरातन संविधान,
मानस प्रज्ञा से
हुए अवतरित
आदि सप्त ऋषि
चली वेलि संसृति की...

नयी सृष्टि
इस महासिन्धु के
शून्य वक्ष पर
पावन धरती

और शीश पर व्योम
पृथक् भू-खण्ड
द्वीप, पर्वत, सरिताएँ...

विविध जीव
जल, नभ, थलजीवी
किन्तु ब्रह्म के अंश रूप में
मानव का अस्तित्व
प्रस्फुरित हो
वसुधा पर
और चतुर्दिक्
विकसित हो
मानवता का संदेश
परस्पर
जगे प्रेम सौहार्द
शान्ति, समरसता हो...

नयी सृष्टि की
संरचना का
भाव यही,
मन्तव्य यही है
ऊर्ध्वमुखी लौकिक जीवन का
लक्ष्य यही,
गंतव्य यही है...

द्वितीय वर्ग

गाधिराज

सरस्वती के
उत्तरी तट पर बसे
आर्य जन में श्रेष्ठ
अविजित
राज्यसत्ता के प्रवर्तक
भरत–कुलपति
गाधि का जनपद
अवस्थित
प्रकृति के उन्मुक्त आँचल में

घाटियों से उचकते
आकाश छूते चीड़
देव ऋषि की मौन–मुद्रा में खड़े
गुनगुनाते वेद की
पावन ऋचाएँ सालवन

झाड़ियाँ छतवार
गदरी बेल की
और कदली के कसे भुजबन्ध में
पंक्तिबद्ध करील के

झुरमुट सघन...
कर्णप्रिय संगीत
कल-कल ध्वनि
नदी के शान्त तट पर
झूम कर जब थपकियाँ
देती लहर
प्रतिध्वनित होकर
कछारों के खुले वातायनों से
गूँज, उठते
गाधि की गौरवमयी
परिकल्पना के
वंदना के गीत

झूमते सीवान
माथे पर बँधी कलँगी
कपासों की,
चटकती, श्वेत गदराई
कली के, और
हाथों में खनकते
धान, जौ, तिल की
लटकती बालियों के
स्वर्ण कंगन
फूल झरते अंजुली के
स्वावलंबी गाँव
वर्ण विहीन, कृषि की मान्य
सहकारी व्यवस्था
राज्य-सत्ता के अधीन

स्रोत वैभव के
विविध उद्गम
और वाणिज्य
हर विष स्वयं
पशु पालन कला में भी
प्रवीण...

भव्य जनपद की
चतुर्दिक्
सिन्धु तक फैली हुई
उन्मुक्त सीमाएँ
व्यवस्थित
राज्य प्रासादों, शिवालों के
कँगूरों पर फहरती
पताकाएँ–

दुर्ग की उन्मुक्त प्राचीरें
तराशे पत्थरों की...
तुंग तोरण–द्वार पर
ज्योतित–कलश की
ज्योति लेकर
जगमगाती तारिकाएँ...

अश्वशाला में
निरंतर हिनहिनाते अश्व,
गोशाला
सहस्राधिक बँधी गायें
परस्पर मुक्त विनिमय

मान्य मुद्रा की प्रणाली...

साधना, आराधना
सद्वृत्ति, जन की
कर्म के प्रति
सहमर्पित भाव
जीवन की रही
उन्मुक्त पद्धति ही
निराली...

तृतीय–सर्ग

अर्थवण–प्रिया

भरत कुलपति गाधि की
यह राज्यसत्ता
सैन्यबल
अक्षुण्ण वैभव
सिन्धु तक
जय घोष करती सरहदें
किन्तु नृप के
शुभ्र तुंग ललाट पर
श्वेत–श्यामल,
केश की बिखरी लटें
नेपथ्य से
राज्य की भविता
नियति का
प्रतिध्वनित संत्रास
बनकर
कह गयी थी,

हो गये हैं
राजमहिषी के,
कहीं, कुछ पुण्य खंडित

चिर प्रतीक्षित
पुत्र की, किलकारियों से
गोद सूनी रह गयी थी...

दुर्ग की उत्तुंग प्राचीरें
कँगूरों,
राज्य-भवनों के
खुले वातायनों तक
मंदिरों के यज्ञ गृह
घर, आँगनों तक

एक भावी भय
अनिश्चय,
और संशय का
घना कुहरा पड़ा था
कौन होगा?
राज्य का स्वत्वाधिकारी
वैध, वैकल्पिक
व्यवस्था का
अहम् यह प्रश्न
राज्यकुल के
दहकते, मानस पटल पर
आ खड़ा था...
चुभ रहा था
स्वयं को ही,
स्वयं का परिवेश
हर उच्छ्वास
भाषिक द्वन्द्व का

अनुप्रास बनकर
गाधि के संतप्त
चिन्ताग्रस्त मन का
फाँस बनकर...

देख निष्ठुर नियति की
यह क्रूर-क्रीड़ा
राजमाता की घुटन,
चिर मूक मन की टीस
पिताश्री के
मर्म की अव्यक्त पीड़ा
राजकुल की
लुप्त होती अस्मिता

गाधि-कन्या
ऋषि अर्थवण की प्रिया
सत्या सयानी
जो स्वयं संतति नियोजित
मातृ 'घोषा' की
चिरन्तन वेदना की साक्ष्य
उनकी नियति की
सहभागिनी थी,

सह सकी पीड़ा
न स्पृहा
सहज नारित्व की,
मातृत्व की
करुणा जगी

भर गये दृग-कोर
कम्पित कण्ठ कातर
जग गये होकर मुखर
संवेदना के स्वर...

किन्तु तत्क्षण
ऋषि, अर्थवण, (ऋचिक) अर्जित
'वरुण' की सह शक्ति से
चिर भक्ति से
आश्वस्त होकर
थम गये, संतप्त
मन के ज्वार...
ठहर कर कुछ देर, देखा
बैठ ऋषिवर
पर्णशाला के कुशासन पर
सुशोभित
सान्ध्य पूजन
वरुणा वन्दन की
नैत्यिक क्रिया से
मुक्त होकर...

शाँत स्थिर,
मग्न मृदु मुस्कान से
उद्दीप्त मुखमंडल
दमकते भाल पर
त्रैपुण्य पूरित
चँदनो की पांत चन्द्रक
खुल गए थे नेत्र

संपुट अधर के
सहज हो
चेतन जगत् से
जुड़ रहे थे...

हविर चंदन, घृत
दहकती समिध में
श्वेत-शुभ
कर्पूर की मधुगंध सोमह्र
उड़ रहे थे
शुभ नक्षत्रों के शकुन
सान्ध्य के थे
हो गये, अलसित प्रहर
मनमुग्ध ऋषिवर
देहरी का दीप
टिम-टिम
मौन-मन्थर
जल रहा था...

और
अभिमंत्रित
कुटी के द्वार पर
स्निग्ध, शुभ्राकाश के
घट से छलक कर
विमल विभु-आलोक
झर-झर
झर रहा था...

सुखद वातावरण
शुभ अभिप्रेत से
प्रेरित
प्रवेशित, हो गयी
ऋषिवर्य की पावन कुटी में
क्षुब्ध सत्या

और वंदन, नमन कर
पद पद्म पर धर शीश
बोली–
'शक्ति दो'
हे, देव मेरे
मैं स्वयं अपनी नियति में
भस्म होकर
स्वर्ण–सी प्रतिमल
दमकना चाहती हूँ
किन्तु अनुमति हो, तो
दंशित बोध
मन की वेदनाएँ
आपके सान्निध्य का
संयोग पाकर
आज इस एकांत में
कुछ व्यक्त करना चाहती हूँ...
आप तो सर्वज्ञ
समदर्शी तपस्वी
प्रखर प्रज्ञा के धनी...
ज्ञान के, विज्ञान के
अवदान के यशकेतु हैं

ऋत जयी, सत्यान्वेषी
आर्यजन के पूज्य
जनकल्याण के
शुभ हेतु हैं...

आपकी, अनुगामिनी वन
मै हुई कृतकृत्य
मेरे पुण्य जागे
किन्तु हे, आदृत्य
मेरे राज्यकुल के सूर्य का
वह सिन्धु तक बढ़ता हुआ
जयघोष रुकना चाहता है,
मातृ घोषा की
असंतति त्रासदी से
कुशिक कुल का दीप
बुझना चाहता है...

कह रही थी,
कौशिकी' यह अनकही
मन की व्यथाएँ
किन्तु ऋषि तो...
स्वयं ही सर्मज्ञ
सह अनुभूति की संवेदना से
द्रवित होकर
भाव विह्वल
भर लिये, भर अंक में
घन कुंतलों पर
स्नेह का स्पर्श देकर

'ऋषि प्रवर',
बोले...

तुम हमारे
राग की वैराग्य की
अर्चना, अभ्यर्थना की,
साधना की, शक्ति
तुम मेरी तपस्या
और अर्जित पुण्य की
सह प्रक्रिया हो
'कौशिकी'
क्यों भूलती हो!
तुम वरुण के तपजयी
चिर आर्य विजयी
महामण्डित, यशः मंडित
ऋषि अर्थवण की
प्रिया हो...

जानता हूँ
मैं, तुम्हारे क्लांत
मन का क्लेश
दंशित मर्मभेदी वेदनाएँ
गाधि-कुल की त्रासदी
मातृघोषा की असंतति-पीर
चिर वैध्यत्व
खण्डित भाग्य की
सारी विसंगति
काल क्रम के चक्र पर

ठहरी नियति की वर्जनाएँ
जानता हूँ...

अस्तु
हे 'गाधेय'
आज तुम
उस सृष्टि सत्ता के
नियन्ता को नमन कर
लो सुनो
यह ध्वनित, कल्याणी
वरुण की वरद वाणी।
अहर्निश जब
मातृघोषा के छलकते
पुण्य घट से
कुशिक कुल की नियति
कलुषित काल की
कुल वर्जनाएँ धुल गयी हैं...

और मेरी तपजयी
ऋषि शक्ति से खण्डित
स्वयं ही,
भाग्य-पट की
अर्गलाएँ खुल गयी हैं...

देख लो
दृग की हमारी
दिव्य अंतर्दृष्टि से, प्रिय
एक तेजस्वी यशस्वी

सूर्य का अरुणोदयी ध्वज
कुशिक कुल के
पुण्य प्रस्थित भाल पर
ज्यों, मातृ घोषा का विरल
सौभाग्य बन
लहरा रहा है...
चीर कर तमतोम
धरती व्योम का
वरुण के आलोक पथ से
युगजयी,
त्रैलोक्य विजयी
'विश्वरथ' का रथ
धरा पर आ रहा है...

ऋषि प्रवर
इस जगत के स्थूल से
उस सूक्ष्म का
अंतर्नियंत्रण
वरुण के सान्निध्य
प्रज्ञा संतरण कर
वेद मंत्रित, ऋत नियंत्रित
वेदिका का चरु उठा दो,
कौशिकी, के रिक्त आंचल में
दिये, भर
और जैसे
भरत भृगु की
संधि-परिणय की कथा
कृत कृत्य कर

आशीष दे बोले...
भरत–भृगु
दोनों कुलों के
इष्ट का भवितव्य शुभ
संकल्प–पग का
पथजयी अभियान हो,
शक्ति का नव अभ्युदय हो
विश्वरथ के हेतु हित की
सिद्धि हो,
अभिवृद्धि हो,
कल्याण हो...

करुणार्द्र
यह वाणी वरद
ऋषिवर्य की, सुन,
मुग्ध 'सत्या'
सुखदमय अनुभूति से
भावविह्वल हो गयी
एक उमड़ी ऋतु घटा–सी
मुक्त स्नेहिल अंक में
'ऋषि' के समाकर
'भातृ' 'सुत' सौभाग्य की
मधु–काल्पनिक...
किलकारियों से
गूँजती
स्वप्निल जगत् की
वीथिका में
खो गयी...

चतुर्थ सर्ग

अवतरण

भरत ग्राम की
नियति–वक्ष पर
अजगर–सी पसरी
संशय की रात
सरक कर
मन्थर गति से
लुढ़क गयी निस्पन्द
क्षितिज की घाटी में

छुँटी धुधलकी पर्त
फटी पौ, प्राची तट से
लगी झाँकने उषा
उठा पट घूँघट के
सिंदूरी आभा
छलक उठी
नेपथ्य ओट से
सिमट गया अरुणाभ
व्योम का
वर्तुल घेरा...
लगे खनकने कंगन,
सकुन सुहागन के

रीते घट
घर आँगन के
मुखरित प्रिय स्वर
सन्दर्भ जुड़े
पनघट के
गूँज उठे कलकण्ठ
मुक्त विहगो के कलरव
लगी थिरकने,
राजदुर्ग के रजत-कलश पर
पाँव बाँध
किरणों के नूपुर
भोर सुहानी...

बजे घंट-घड़ियाल
मंदिरों के मृदंग
ताधिन तबलो की थाप
हुए समवेत
सप्त स्वर
झंकृत वेद ऋचाओं के
बजी वरुण के शंख

पवन के धुले पंख पर
उड़ी पावनी गंध
दहकते कर्पूरों की
प्रातः आरती-पूजन की
पावन बेला थी...

माँ घोषा थी विकल
प्रसव के
शुभ मुहूर्त थे

सहसा, राजभवन के
सूने प्रसव कक्ष से
शोर उठे, नव शिशु के
फूटे कण्ठ,
प्रसारित कौतुक क्रन्दन
वरुण जयी
ऋषि ऋचिक-अर्थवण
शान्तिदूत की जय हो
भरत शिरोमणि
गाधिराज के
यशः पूत की जय हो...
उमड़ा जन सैलाब,
द्वार पर
गाधिराज के
गूँज रहे थे, कंठ-कंठ से
जयतु-जयतु जयघोष
अहर्निश
नृत्य-गान के बीच
तुमुल ध्वनि,
कौशिक-कुल के केतु
विश्वरथ
आर्यपुत्र की जय हो
धरती के रवि-बाल
'विश्वरथ'
तमस्जयी,
युग के भावी आलोक-शिखर की
जय हो...

शीश झुका आकाश
दिशाओं ने स्तुति की
सप्त सिन्धु की सरिताओं ने
किया नीर अभिषेक
लहर की कर तल-ध्वनि पर...
मिली चुनौती
सृष्टि सनातन संविधान को
धन्य हो गयी
महिमा मण्डित मही
सम्हल कर
शेख नाग की मणि-फणि कर

विश्वरथ
विश्वरथ जन्मे कि जैसे
ओज का अस्तित्व
पूरा सत्त्व ढल कर
देंह की रग-रग
शिराओं के लहू में
छन गया हो...
जड़ हुआ चेतन
कि उभरा
विंध्व गिरि का वक्ष
विस्तृत

तुंग भाल-विशाल
ज्यों हिमवान् का
गर्व से कुछ और उठकर
तन गया हो।

पंचम सर्ग

बाल्य क्रीड़ा

राज्यकुल की संविधा
सौभाग्य-सुख की छाँव
चंचल वृत्ति
क्रीड़ा-कलित बचपन
देखते मनमुग्ध परिजन
और प्रियजन

बैठ माँ की गोद
स्नेहिल सिक्त आँचल में
कभी बन्दी हो,
पिता के रिपुजयी
भुज साकलों में,
शीश पर चढ़ कर उछलते
सिंह-शावक से फुदकते

देखते नृप गाधि
गद-गद भाव विह्वल
राजमहिषी से विहँस कहते
'सुभद्रे'
'देख अपने लाडले की धृष्टता'

राज सिंहासन नहीं
यह कुशिक-कुल के
कीर्ति मण्डित शीश
तुंग किरीट पर भी
चढ़ रहा है...
मोह में मातृत्व का वात्सल्य
इतना मत उछालो
लो सम्भालो लाडले को
हो रहा है
पूर्ण निर्भय ढींठ...

चूम कर प्रिय पुत्र का
शुभ-भाल
वत्सल भाव विह्वल
सजल कहती मातृ घोषा
आर्यश्री छेड़ो न
दृग दोनो झुका लो
मत लगाओ दीठ
मेरे पुत्र को

इन्हीं वत्सल
धृष्टताओं के लिए
हम अभी तक एक शापित
रिक्त जीवन की नियति
निष्ठुर...
तिमिर से चिर विद्ध
उर की,

रिक्कता जीते रहे,
चक्रवर्ती मुकुट मण्डित शीष
यशस्वी राज्य सत्ता
कीर्ति वैभव
क्या नहीं था...
किन्तु हम तो
बस इसी सुख के लिए
आँसुओं के छलकते
विष घूँट ही पीते रहे...

खिल रहा था
सौम्य मुख-मण्डल
कमल-दल-दृष्टि पैनी
तेज का पानी उमड़कर
चढ़ रहा था
और सत्ता के समादृत
गुरुजनों के ही
सुलभ सान्निध्य में
वेद मंत्रों
अस्त्र-शस्त्रों का सहज...
गुरु ज्ञान ले
मुक्त शैशव काल
आगे बढ़ रहा था

राजकुल की परम्परा
कुल-रीति, नीति, नुसार
उन्नत संस्कारों के
खुले परिवेश में,

ढलते हुए प्रिय विश्वरथ
आ गये कैशोर्य की शुभ देहरी पर
लाँघकर
वय-संधि शैशव काल की

पुत्र का
यह दिव्य दैहिक
यष्टि सौष्ठव
सूर्य-सी तेजस्विता, ऊर्जस्विता
चन्द्रिक कला सी
छलकती,
कैशोर्य की नव द्युति छटा
शौर्य, साहस
प्रखर मेधा शक्ति
अद्‌भुत योग-क्षेम विधान
वैदिक ज्ञान का...
चिंतन, मनन
जन कल्याण का
आह्वान,
प्रतिदिन देखकर

कुल पुरोहित
राज महिषी
ऋषि अर्थवण से
विनत, नृप गाधि
बोले,
भरत कुल के भाल
भावी आर्य कुल सम्राट के

उत्कर्ष का यह तेज
सम्प्रति,
अब नहीं मेरे प्रबंधन की
परिधि में अँट रहा है...

कहाँ किस
आकादमिक, सुख्यात
विद्यापीठ
किस ऋषि आश्रम में
भेजू दूँ आर्येषु को...
राज्य सीमा
और घोषा के दृगों से दूर
एक कातर प्रश्न
प्रतिपल
घेर कर मुझको खड़ा है
ज्ञान पर अज्ञान
बुद्धि विवेक पर ज्यों
द्वन्द्व, संशय, मोह का
पर्दा पड़ा है...
चाहता हूँ छाँटना
यह धुन्ध,
पर किंचित नहीं
यह छँट रहा है...

ऋषि अर्थवण
शान्त, बोले
सुनो राजन
विश्वरथ तो वरुण के

प्रत-पुत्र
नैश्रेयष सनातन
विश्व मैत्री
आर्य सत्ता के प्रवर्तक
देव संस्कृति के
समर्पित पूत
वे नहीं, घर की अकिंचन
देहरी के दीप, टिम-टिम
भव्य दैविक ज्योति,
उज्ज्वल
निखिल आर्यावर्त के
आलोक हैं...

जो समग्र
समष्टि है,
क्या अँट सकेगा
व्यष्टि की संकुल परिधि में?
इसलिए
हे, नृप-प्रवर
आदर्य, छोड़ो मोह का
यह पाश बंधन
मत वनो अवरोध
प्रज्ञा, शक्ति, मेधा
और उसकी प्रकृति जन्म
प्रवाह का

राज्य सीमा के निकट ही
तृत्सुजन की पुण्य-धरती

शान्त सरिता का
विमल तटबन्ध, विस्तृत
हरित–कानन
प्रकृति का उनमुक्त नन्दन
श्रेष्ठ ऋषि मैत्रावरुण का धाम
वीणा–वादिनी का
कीर्ति–मन्दिर
ज्ञान का, विज्ञान का
चर्चित तपोपन
यह महर्षि अगस्त्य का ही
शक्ति उपवन
सिद्ध विद्यापीठ, पावन
श्रेष्ठ गुरुकुल...

दिव्य जिसकी दृष्टि से
विस्तार पाते
व्योम, धरती, सूर्य
चन्द्र, नक्षत्र सारे...

इसी आश्रम की
समन्वित शक्ति की
शुभ–सूचिका से
एक धागे में गुथे
आर्य जन...
स्वेच्छया, मिलकर
द्वन्द्व, ईर्ष्या, द्वेष
मन के घाव सारे
सी, गये हैं,

यह महान् अगस्त्य का ही
कृत्य है,
जो, छलकते सिन्धु को भी
एक अंजुलि में, उठकर
पी गये हैं...

अस्तु, राजन
भरत कुल की जनसमर्पित
राज्य सत्ता,
और उसकी शक्ति की
अभिवृद्धि के हित-हेतु
निर्भय, भेजिये
प्रिय विश्वरथ को
बस उसी गुरुधाम में

कह रहे थे, ऋषि
मुखर हो,
कुल पुरोहित राजमहिषी
और प्रियजन...
मौन-मन
जिज्ञासु, सादर
सुन रहे थे
किन्तु गाधि-नरेश
अपने मौन में भी,
छोड़ संशय, मोह
अन्तरद्वन्द्व सारे
युक्ति-युक्ति विकल्प
भावी स्वप्न के आकार का

विस्तार, जैसे
बुन रहे थे...
चुन रहे थे...
योजना के तार बिखरे...
व्यक्त कर मन्तव्य अपना
थम गये, जब
ऋषि अर्थवण
भंगकर परिवेश की
निःस्तब्धता
गाधि, गुरु, गम्भीर
संयत
स्वयं बोले,
आप तो प्रिय विश्वरथ
समतुल्य हैं।
दो दृग हमारे
संक्रमण की इस घड़ी में
आप ही तो हैं,
हमारे भरत कुल के
शक्ति-संवल
सबल, स्नेहिल
दृष्टि, एकल...

अस्तु, प्रियवर
आपसे सहमत हुआ
आश्वस्त हूँ, मैं
व्यर्थ अपनी ओर से
अब और कुछ कहना नहीं है
तथ्य-कथ्य नकार सारे

भावना के ज्वार में
बहना नहीं है

देख, शुभ तिथि, लग्न
और मुहूर्त,
पूज्य मैत्रावरुण,
तृत्सु नरेश को
संदेश देकर,
तथा प्रियवर विश्वरथ के
प्रिय जनो को साथ लेकर
शीघ्र ही प्रस्थान का
उपक्रम, अनुग्रह कीजिये
दीजिये, सविनय
हमारे भरत कुल का
नमन-वन्दन
पूज्य देव अगस्त्य के
पावन-चरण पर
विश्वरथ का शिष्यवत्
सादर समर्पण
याचना कर लीजिये आशीष
भावी भरत-कुल के
कीर्ति-ध्वज की

ऋषि, ऋचिक की
मन्त्रण पर
गाधि ने जब
विश्वरथ के गुरुगमन की
घोषणा की,

राजमहिषी के विधे
उर से उमड़ कर
मोह के घन-मेघ, सहसा
क्षुब्ध मन पर घिर गये
पुत्र विषम वियोग की
अनुभूति से,
मातृ घोषा के विवश
दो बूँद आँसू छलक कर
दृग-कोर पर से गिर गये...

छठाँ सर्ग

अगस्त्य आश्रम

तृत्सुस्य राज्य, यह
सप्त सिन्धु की हृदय स्थली
युद्ध शान्ति के अग्रदूत
अनहंकृत योद्धा
आर्य पुरोधा
प्रिय नरेश
यह दिवोदास की धरती

यहाँ प्रकृति की
मुक्त हरीतिमा
सरस्वती की धारा
सघन विटप, वन-कुंज
कूलनी कल-कल
ध्वनित किनारा...

आर्य शक्ति-संतुलन,
संगठन
सत्ता का ऊर्जस्वी केन्द्र, यह
भावी-भूप, सपूतों के
सौभाग्य-सृजन का मंच

विहंगम दृष्टि...
दिव्य गुरु-शिष्य समागम
सत्यम, शिवम् सुन्दरम् का
प्रतिमूर्ति रूप,
यह ऋषि अगस्त्य का
आश्रम...

सस्य, श्यामला वन्य भूमि
वट घन वरोह
छतनार छाँव
पीपल, शिंशुपा
शुंगी की झुरमुट-पाँत कोपली
और सजे, कदली के
तोरण-द्वार
गुच्छ मंजरियों से
लिपट महकतीं मँह-मँह
पुष्प लताएँ
झुक कर पग-पग छूतीं
ऋषि अगस्त्य के पाँव
अर्पित करती शमी
स्वयं ही
संध्या की समिधाएँ...
खिले सरोवर बीच
झूमते, श्वेत कमलदल पुष्प
चटक कर
कसी कली की गाँछ
सेमलों की उड़ती, ज्यों
ऋषि अगस्त्य की

पावन श्वेत जटाएँ...
शाश्वत ऋषि अगस्त्य का
परिसर
मंत्रित वेद ऋचाएँ
पृथक्-पृथक्
कुश, शरपत्रों की
चन्द्र मेखलाकार
पर्ण शालाएँ निर्मित...

गुरु-शिष्यों के निकट
सुलभ सान्निध्य
परस्पर अध्ययन, मनन
अहर्निश चिंतन
अस्त्र-शस्त्र-संचालन
शोध-प्रबंधन
शास्त्र-विधाओं की...
अभय विचरते
शिशु-सिंहों के संग
झुण्ड मृग-छौनों के
निकल सघन वन कुंज
निकुंजों-के झुरमुट से
खग, पिक, शुक के गीत
गूँजते, उतर भूमि पर
मग्न फुदकते
उड़ते निर्भयनील गगन तक
बाँध पंख में
बंधन मुक्त हवाएँ...

अग्नि शिखा पीकर आँखों से
वन्य पलाश दहकते
खोल मयूरी पंख
पिहकते
मुग्ध मयूर थिरकते
यहाँ उतर कर
धवल चाँदनी
ऋषि के पाँव पखारे
रजत, किरण के नूपुर रुन-झुन
पग-पग बिछे सितारे...
ऋषि अगस्त्य का अर्थ
कदाचित्
जो पर्वत को भी
स्तम्भित कर दे
शीश उठा पथ रोक दिया
सूरज का जिसने
पर्वत श्रेष्ठ विंध्य की
दाम्भित वाणी में भी
जो विनम्रता का
स्वर भर दे...

जिसकी, सजल
अंजुली से अभिषिक्त
हुई हैं, वैदिक मंत्र ऋचाएँ
ऋत-तप की
संवेद्य शक्ति से
प्रेरित होकर
प्रवहमान हैं

देव-संस्कृति की
पावन सरिताएँ
आर्य कुलों के
आदि समन्वयक
भावी द्रष्टा...
ऊर्ध्वमुखी,
सामाजिक संरचना के शिल्पी
आर्यत्व के ध्वजवाही
युग स्रष्टा...

जिसका शौर्य-संगठन
अद्‌भुत
प्रज्ञाशक्ति प्रमेय
विद्या, बुद्धि, विवेक, ज्ञान
विज्ञान, प्रवक्ता
युद्ध-कला के योद्धा
शक्ति अजेय...

जिसका है व्यक्तित्व
विरल, पावन
कृतित्व है,
जो अगाध है,
जो अयुक्त है,
जो अगम्य है
जो चिर शाश्वत, तुल्य सत्य है
महापुरुष, वे महिमा मण्डित
ऋषि 'अगस्त्य' हैं...
देव संस्कृति के
बृहद काव्य-संकलन-सा

यह अगस्त्य आश्रम
जहाँ देवता गंधर्व, सिद्ध
और महर्षि
निरंतर, साधनारत
शिवत्व के छंद रचते हैं
यक्ष और नाग
शरीर त्याग कर
चिर मोक्ष के लिये
ऋषि श्रेष्ठ का
गुणगान करते हैं...

दक्षिण के इस विशाल
वनांचल के बीच
अखण्ड, समाधिष्ठ योगी से
निःस्पृह खड़े
चिर बिल्व, तिनिश
और तेंदू की कुल गोत्रता
अनन्त शाखाओं
प्रशाखाओं के जटाजूट
और घासों
कुश-काशों की काथर
लपेटें
बूढे वट-वृक्षों के
संरक्षकीय दायित्व-बोध की
यह पारदर्शिता
गदराये कादम्ब
बिल्व गुच्छो के उड़ते
मकरंद

महुआ मंजरियो की
मोहक गंध

धरती पर पसर कर
मर-मर संगीत छेड़ती
विजन वन्य डालियाँ
अधखिली, कोमल कलियों से
लदी पिप्पलियाँ
परिवेष्ठित, लताएँ
कुंज-निकुंजों के झुरमुट
एक कौटुम्बिक
संपन्नता का प्रदर्शन
करती, उनकी
यह सनातन
उत्सव धर्मिता
शान्त भाव से विचरते
विविध वन्य-जीव-जन्तु
निर्भय कुलाँचें भरते
हरिणों के झुण्ड
अग्निशाला से निरंतर
उठती हविर-धूम्र रेखाएँ

धुले आकाश के माँथे पर
रजत दीप सी
दमकती तारावलियाँ
कमलाच्छादित सरोवरों में
तिरते हंस,
उड़ते चक्रवाल

सरस्वती की कल-कल
ध्वनि से उठते
ऋषि मन्त्र...

सुरम्य पुष्पों से लदे
उपवन के शब्दातीत संकीर्तन
दूर्वा-गुच्छ के अधरांकुर से
फूटते, ऋषि की
भावी सरंचना के
संगीत
पर्ण-कुटीरों पर लहराती
पीठ की ऊर्ध्व मुखी पताकाएँ
पवित्र भोर-संध्या की ऋचाएँ
बाँध लेते, सहृदय-पथिकों के
पाँव
जगा देते,
तन के घाट-घाट पर
मन के पुण्य तीर्थ की
पवित्रता,
आलोकित हो उठता
आश्रम का देवत्व-तेज
और उसकी तेजस्विता
आत्मा की अनंत गहराइयों तक

यही है, महान् अगस्त्य की
अमर कृति
सप्त-सिन्धु का शीश मुकुट
'दिव्याश्रम'

इसी आश्रम की
अखण्ड ज्योति का
दिव्य-दीप बनकर
दीपित हो रहा था
एक उज्ज्वल नक्षत्र
आर्याकाश के माथे पर
खुल रहा था
सम्भावनाओं का
एक नया द्वार
सप्त सिन्धु के भावी कर्णधार
विश्वरथ का
अनार्य नृप शम्बर से पराजित
आर्यों के विजय पथ का...

सप्तम सर्ग

अमृत-महोत्सव

सप्तसिंधु के
उत्तुंग भाल पर
चंदन पुण्ड्र सा सुशोभित
अगस्त्याश्रम का
अमृत महोत्सव
संरचना और समर्पण के
विस्तृत फलक तक फैला
विद्यापीठ का पावन पर्व...

छत्र शिष्यों के
अस्त्र-शस्त्र एवं शास्त्र-ज्ञान
शिक्षण-प्रशिक्षण की
परम्परागत, प्रतियोगिता
आयोजित थी,
प्रतिभा-प्रदर्शन
कोटिक्रम-चयन की
विधि-नियम सम्मत
निर्धारित प्रक्रिया

कोंपल पत्तों से लदे
घने वन-वृक्षों के गुम्फ पर

तने थे चतुर्दिक्
सरपत्तों के हरित वितान
टंगी थीं पल्लव युक्त पुष्पों की
रंग बिरंगी झालरें
आश्रम परिसर के तोरणों
आच्छादनों
यज्ञशाला के कलश
कंगूरों तक

पधार चुके थे
आमंत्रित विशिष्ट अभ्यागत
सृप्त सिन्धु के मनीषी
तपस्वी ऋषि-गण
नृप पंचजन...

मंत्रि परिषद सहित
तृत्सु नरेश अतिथिग्व
दियोदास
मंचस्थ हो चुके थे
राज्य पुरोहित
वसिष्ट।

शंख ध्वनियों के बीच
दीप प्रज्जलित किये...
कुलपति
गुरुवर्य अगस्त्य
और गूँज उठी उनकी
अमृत वाणी

दर्शक दीर्घा के उठते
कोलाहल पर तैरने लगी
एक आरण्यक शान्ति

तप, साधना, विद्यार्जन
अस्त्र-शस्त्र ज्ञान का
संवर्धन
व्यक्तित्व का संपूर्ण गठन
और लोकहित में
स्वयम् का समर्पण

यही मंच प्रेरक संकल्प है
पंचजन आर्य-कुलों के
मेरे आश्रम प्रिय शिष्यो!
इन्हीं संकल्पों को
तुम्हें अपने जीवन में
उतारना होगा
अनीतिकारी
अनार्य शक्तियों के दमन
और आर्य संस्कृति के
उन्नयन हेतु तुम्हें अपने
भीतर की अंतर्निहित शक्तियों को
जगाना होगा...

आत्मानुभूति द्वारा
चेतना का विस्तार
अर्जित व्यक्तित्व की पूर्णता
पवित्र जीवन की प्राप्ति ही

शिक्षा के प्रमुख उद्देश्य हैं...

जिसके लिये तुम्हें
उन उच्चादर्शों और
उदात्त मूल्यों के प्रति
समर्पित होना होगा
जो व्यष्टि को समष्टि से
जोड़कर उसे महान् बनाते हैं...

महानता भौतिक संपदाओं से
नहीं, अपितु अर्जित होती है
उज्ज्वल चरित्रों से
क्योंकि चरित्र ही प्रारब्ध हैं
जो बनते हैं
व्यक्ति की अमूर्त निष्ठाओं से...

मेरे प्रिय पुत्रो!
हम तुम्हें केवल बौद्धिक ज्ञान
और शैल्पिक
कौशल मात्र ही
प्राप्त करने की प्रेरणा
नहीं देते, क्योंकि
इससे भी अधिक महत्त्वपूर्ण है
जीवन का महान् लक्ष्य
और उसके प्रति समर्पित
निष्ठा...

तुम्हारा यह विद्यापीठ भी

खड़ा है इन्हीं उच्चादर्शों और
उदात्त मूल्यों की नींव पर

जिसे हम धर्म कहते हैं
जीवन-जगत् के
बृहत्तर सन्दर्भों में
धर्म का लक्ष्य है...

चेतना के एक नये राज्य का
उद्‌घाटन
जिसके उद्‌भव मात्र से ही
ढह जाती हैं
व्यष्टि-समष्टि के बीच की
सारी दीवारें
व्यक्ति प्राप्त कर लेता है...
पूर्णत्व

पूर्णताप्राप्त व्यक्ति ही
कहा जाता है सर्वोत्तम
सभी प्राणियों में
मेरे प्रिय शिष्यों
तुम्हें सर्वोत्तम बनना है
एक महान् आर्यावर्त का
गठन करना है...

मेरी इन आखों में
झाँक कर देखो
महत्वाकांक्षाओं का, एक दीप

टिम–टिम
अहर्निश जल रहा है...
एक अमूर्त स्वप्न दिन रात
पल रहा है...
चेतना की समस्त अंतर्निहित
शक्तियों का आह्वान कर
इन्द्र, अग्नि, वरुण को
साक्षी मानकर...

शपथ लो
संकल्प लो
कि तुम इन उदात्त मूल्यों से
जुड़ी निष्ठाओं को
कभी भी बुझने नहीं दोगे
सप्त सिन्धु का आर्यध्वज
झुकने नहीं दोगे...

महान् उद्देश्यों के लिए
आगे बढ़ो
अनंत, शक्ति, शौर्य, साहस
और धैर्य लेकर
मैं, देखना चाहूँगा
तुम्हारे भीतर लोहे की नसें
फौलाद के स्नायु
उसके भीतर वज्र सा
वास करता अविचल मन

नव प्रभात की फूटती

नयी किरणों की
सम्पूर्ण अरुणिमा का
उल्लास
उतार कर...

अपने भीतर घोलो
बृहतत्तर क्षितिजों के
नये द्वार खोलो...

मेरे आशीष भी
तुम्हारे साथ हैं
आर्य सत्ता का विस्तार हो,
महान् आर्यावर्त का
स्वप्न साकार हो...

अनन्त आकाश तक उठो
तुंग शिखरों का
स्पर्श करो,
उत्थान की ओर बढ़ो
सतत उत्कर्ष करो
यशस्वी भाव
चिरंजीवी भव...

अष्टम–सर्ग

उत्कर्ष

थम गये आर्य
प्राचार्य प्रवर
गुरुवाणी को देकर
विराम
थे, मंत्र मुग्ध नृप दिवोदास
मुनिवर वसिष्ट
मधवन, ऋषिजन
कृतकृत्य पंचजन
तृप्सु धाम...

अभिमंत्रित परिवेश
स्वयम् में, पुलक रहे थे
ऋषि अगस्त्य कल्याणी
रोमांचित थे,
छात्र शिष्यगण
आश्रम के
खनक रही थी
जन–मानस के कर्ण–पटल पर
निर्झर
अमृत वाणी...

दस्युराज शम्बर की
बढ़ती सैन्य शक्ति से
घिरे, मनोवन थे,
जो टूटे
ऋषि की प्रेरक
ओजपूर्ण वाणी से छनकर
संकल्पों के स्रोत
नये कुछ फूटे...

हुआ तभी जयघोष
निकट क्रीड़ा-परिसर से
आयोजित थीं
स्पर्धाएँ, बहुविधि
प्रचलित सभी कलाओं की
वैदिक शास्त्र-विधान
अस्त्र-शस्त्र-संचालन
शक्ति-प्रदर्शन की,

शास्त्रार्थ स्वरबद्ध
कण्ठ ध्वनि उड़ती
वेद-ऋचाएँ
कला-ललित साहित्य
स्वरचित
छन्दबद्ध कविताएँ...
अस्त्र-शस्त्र की कला
अश्व-धावन के कौशल
अर्जित विद्या-ज्ञान
राज्य-संचालन

सैर्न्य-संगठन की,

धुन की तनी प्रत्यंचा
उठती वाणों की टंकारें
ढाल और तलवार, कहीं
झन-झन करती तलवारें

चलती रही प्रक्रिया
मुक्त प्रदर्शन की
घोषित होते रहे कोटिक्रम के
नियमित परिणाम...

शिक्षा सह व्यक्तित्व समीक्षा
अध्ययन-मनन
स्वचिंतन मौलिक
निर्भय, शुद्ध परीक्षा
पारदर्शिता, शुचिता
नैतिक, आचरण-संहिता...

स्व संविध पद्धति
अनुशासित
गुरु के आज्ञा पालक
आश्रम की
वैशिष्ट्यपूर्ण थी वैदिक
विरल प्रणाली

उद्घोषित
जो किये गये स्पर्धा के

परिणाम
ज्येष्ठ वर्ग में दिवोदास सुत
था, सुदास
पर समवयस्य
सम्वर्ग कोटि में
सर्वश्रेष्ठ था,
गाधि-पुत्र विश्वरथ का
ऊपर था, नाम
गदगद थे, आचार्य सभी
प्राचार्य, स्वयं मन में
अगस्त्य भी,
हुए पूर्ण आश्वस्त
शिष्य की प्रतिभा से
दिये वरद आशीष
स्नेह वत्सल गुरु, बोले...

आर्य शक्ति-संगठन
उन्नयन के निमित्त तुम
देख रहा हूँ वत्स
तुम्हारी आंखों में
आलोकित जो हो रहा
नित्य
भावी संरचना का
कवित्त
यद्यपि, महोत्सव का
अंतिम सोपान
समापन दिवस आज
उत्साहित होकर अतिथिग्व

नृप दिवोदास
जो धनुष वाण विद्या के
स्वयं पुरोधा
अविजित योद्या हैं...

आयोजित करके
राज्यपदक सम्मान
कला संवर्धन की
आहूत किये हैं
एक और स्पर्धा...

शरसंधान-प्रदर्शन की
दृगबन्द करेगा लक्ष्य वेध
जो धनुष्यान
आश्रम की वह प्रतिभा
महान्
दीपित नक्षत्र
सम्मानित होगा
'आर्यरत्न' के 'राजपदक' से
प्राप्त करेगा
तृत्सुराज के यशः करों से–
मानपत्र, सम्मान
तिलक, अभिनन्दन होगा...

इस विशिष्ट स्पर्धा में
सभी ज्येष्ठ या समवयस्क
अथवा कनिष्ठ
सहभागी हो सकते हैं

आश्रम के होनहार
सारे धनुष निष्ठ
ज्येष्ठ वर्ग में सर्वश्रेष्ठ है
नृपसुत सुदास
तुम कनिष्ठ संवर्ग
कोटि में नामित...

पर लगता
वीरत्वयुक्त वरदान
दे रहे इन्द्र वरुण
वाणी में सरस्वती का
निवास

इस आश्रम में
यद्यपि प्रतिभाएँ तो अनेक
लेकिन सुदास के लिए
चुनौती तुम्हीं एक
तुम लक्ष्य वेध कर
बनो यशस्वी पदकजयी
लो सुनो भद्रकर गुरुवाणी
आशीषमयी...

बोले विनीत
प्रिय शिष्य विश्वरथ
जो गुरु के ही सान्निध्य
पला
जिसकी साँस-साँस में
है केवल गुरु का

विश्वास ढला
जीतेगा उसको कौन?
भला?
मेरा विश्वास
स्वयं, कहता नत विनत
थाम गुरु वरद चरण
टूटेगा वर्चस्व अज
गर्वित सुदास का
दृग बन्द वरूँगा
देखेंगे स्वयं प्रत्यक्ष
समादृत तृत्सुराज
गुरुवर दे
मेरे वाणों को वह वरद शक्ति
हो दृष्टि-विद्ध हर लक्ष्य
न हो मानस विरक्त...

जागा ऋषि-मन का
शिवम्, अस्तु,
पुलके अगस्त्य कह
एवम्-अस्तु...

आश्रम परिसर में
खिली भोर की
चटक धूप
बैठे अगस्त्य, मुनिवर वशिष्ठ
गुरुजन अभ्यागत
तृत्सु भूप

प्रतिस्पर्धा में जुटे
धनुर्धर अनेक
समवेत लटकते वृत्त चक्र के
घेरे में चक्रमित
हो रहा था निर्धारित
लक्ष्य एक...

यह धनुष बाण का
विरल विलक्षण समीकरण
दृग बन्द करेगा,
जो प्रतिभागी लक्ष्य वेध
कर विजय-वरण
नृप देंगे उसको आर्यरत्न का
अलंकरण...

हारे आश्रम के सभी
धनुर्धर शूर वीर
छोड़ते रहे दृगबंद
लक्ष्य पर सधे तीर
कर सके नहीं पर लक्ष्य विद्ध
अपनी प्रतिभा का
पक्ष सिद्ध

प्रतिभागी जब
थक गये सभी होकर निराश
उठ खड़ा हुआ
अहम्मन्य भाव से
अभिप्रेरित

नृप सुत सुदास

वह विरल स्वयंभू
सर्वश्रेष्ठ
बोला निर्भय होकर सचेष्ट
क्योंकि मुझको अब देना है
अपने कुल–गौरव का प्रमाण
दृग बंद करूँगा,
लक्ष्य बेध
छोड़ूँगा केवल एकबाण
किन्तु हो गये
कई वाण निष्प्राण
भटक कर दृष्टिहीन...

नृप सुत 'सुदास'
कुंठित, हताश
सौभाग्य बना
दुर्भाग्य, दीन
माथे पर छलकी स्वेद बूँद
कर सका नहीं
वह लक्ष्य वेध
आकर आसन पर
बैठ गया
कुण्ठित स्तम्भित हो
हताश
गर्वित सुदास...

यह अप्रत्याशित

नियति नटी का क्रूर हास
विस्फरित नेत्र से
देख रहे थे, दिवोदास
हो गया क्षुब्ध मन आकुल
वाणी हुई मूक
सोचने लगे सम्भवतः
हो मर्यादाच्युत
यह अहम् भाव से प्रेरित सुत
क्या गुरु अगस्त्य की...

चरण धूलि
धारण करने में गया चूक

बोले अगस्त्य गुरु
मौन तोड़
बीते क्रम का संदर्भ छोड़
शाश्वत वाणी
यह शास्त्र नीति
क्रीड़ा में कैसी हार-जीत

देना है, उत्सव को विराम
लेकिन स्पर्धा में नामित
रह गया शेष, बस एक नाम

संकेत मिला
उठ खड़े हो गये शिष्य
'विश्वरथ'
भरत शिरोमणि-नंदन

भाल पर सुरभित
चंदन...दीपित नेत्रों से
फूट रही थी
दिव्य कान्ति
मुखमण्डल पर समवेत
थिरकती
स्निग्ध शान्ति...

गुरु ने दी आज्ञा
बढ़े लक्ष्य की ओर
पाँव छूकर अनहंकृत
रोमांचित होकर
पुलक रहा था, रोम-रोम

थम गये पाँव
देखा अपलक चक्रमित लक्ष्य
जो, बना चुनौती था,
धुन वीरों के समक्ष

गुरु नमन हुआ
झुक गये शीश
मानस में उभरे अम्बरीष
हो गये नेत्र निस्पंद बंद
अंतस से उभरा
वरुण विमोचित अरुण वृत्त...

मिल गया लक्ष्यभंजक
निमित्त

तन गयी प्रत्यंचा
छूट गया यशजयी बाण
दृग खुले
पूर्ण आश्वस्त मग्न
देखा भू लुंठित लक्ष्य भग्न

उत्सव का अंतिम चरम दृश्य
जो घटित हुआ
विस्मय सदृश्य
थम गया एक पल
उच्छ्वास
देखते रह गये दिवोदास

गाधेय किन्तु निःस्पृह
चले निर्भय निःशंक
पग छूते ही गुरुवर अगस्त्य ने
भर लिए अंक
आह्लादित बोले, हे मेरे प्रिय
मेरे अनन्य तुम धन्य-धन्य
तुम अनुपमेय
योद्धा अजेय...

अद्‌भुत तेरा
जय विजय-वरण
यह 'आर्यरत्न' का अलंकरण
लगता मुझको,
यह शम्बर के सम्भाव्य

पतन का प्रथम चरण

हे सप्तसिन्धु के सृजन-सेतु
आर्यतत्व हेतु
तुम उठो
व्योम तक उठे
तुम्हारा यशः केतु...

नवम् सर्ग

शम्बर–गढ़

गाधिज का
सह शुभ सुयश कृत्य
नित्योचित वीरोचित सुकृत्य
जन चर्चाओं का नया दौर
गाधिज ही
सबके शीश–मौर
अंतिम विकल्प
अब यही शेष
'कौशिक' होंगे
नृपमण्डल के भावी नरेश...

यह ऋषि अगस्त्य की
युद्ध जयी रणनीति देख
भयभीत हुआ शम्बर किंचित्
माथे पर उभरी चिंत्य–रेखा
अजसैन्य–प्रमुख
कुख्यात 'तुंग' से कर विमर्श
बोला सुन लो
मेरी अनबुझी तर्ष

यद्यपि कौशिक कुल
नहीं, हमारा युद्ध-लक्ष्य
लेकिन गाधिज तो स्वयं
बन गया शत्रु पक्ष
वह तप ऋष प्रेरित
हो जाता है, आत्म मग्न
नित प्रात, उतरकर सरस्वती की
धारा में

यह गुप्त सूचना मुझे मिली है
अन्तरंग
स्थितियों के अनुरूप
सुखद है, यह प्रसंग

इस नित्य प्रक्रिया में निमग्न
वह सत्यनिष्ठ
कल भोर शान्त सरिता में
जब होकर प्रविष्ट
अभिमंत्रित देने लगे अर्घ्य
जब भावविद्ध
कर लेना अपना लक्ष्य सिद्ध

तुम नीति निपुण
तुम जलस्थल दोनों ही
युद्ध कलाओं के योद्धा
तुम शत्रुजयी...

तुम वरुण शक्ति के
प्रतियोद्धा

तुम नीति निपुण
सम्प्रति समर्थ
प्रस्थान करो, पर ध्यान रहे
संयम तदर्थ...

होना है, नहीं उदंत्य
रोक मन का उद्वेग
बस कर लेना कौशिक को
औचक घेर
अपहृत, त्वरित वेग...

नृप शम्बर का सेनापति
भैरव काल भक्त
कुख्यात चतुर्दिक् वीर तुंग
वह युद्ध, प्रमादी, चतुर
नीतिगत, निपुण
निरंकुश परम उग्र

ले चला दस्युदल सैन्य
निशा का तिमिर चीर
द्रुत गति से चलकर
जा पहुँचा सरस्वती-तीर...

गतिमान निशा का
देव प्रहर

कल-कल ध्वनियों से
मौन तोड़ती
चपल-लहर...

निस्पंद बन्द आकाश
मन्द मुकुलित हो तारे
कुछ दूर छिटक कर
दुबक गये थे, अँधियारे...

खुल गया क्षितिज पर
बन्द उषा का घूंघट-पट
ऋषि पग पखार जागे
सरिता के पावन तट

उस शान्त, सुखद
ऋषि-वेला में कौशिश-नन्दन
नित्यशः भोर की
मंद धुधलकी कारा में
करते पूजन-अर्चन-वंदन
तप निष्ठ उतर कर
बीच नदी की धारा में
इस नित्य कर्म में
जब कौशिक उतरे सरिता में
भावमग्न
कर लिया अपहृत तुंग
किन्तु हो गयी
युद्ध की नीति भग्न

इस तरह अपहृत
गाधि–पुत्र
हो गये विवश बन्दी
शम्बर के दुर्ग–बीच
आश्वस्त हो गया दस्युराज
चिर विजय लक्ष्य की
रेखा खींच...

शम्बर की यह रणनीति देख
शत्रुता, घोर अपमान
अमानुष, कुटिल भेष
मर्माहत बोले, ऋषि अगस्त्य
इस अधम कृत्य के कारण ही
होगा, शम्बर का सूर्य अस्त...

'शम्बरगढ़' का
यह शत्रुजयी, दुर्जेय दुर्ग
निर्भय निशंक
निर्बाध खड़ा
गर्वित पर्वत की छाती पर
मद–मस्तक पर
ऊँचे गुम्बद के मुकुट बँधे
करतल पर ध्वज
पद–तल पर घोर घने जंगल
घाटियाँ घिरीं
चट्टानी भू उत्खाती पर

कांतार सघन

शिंशपा, वट, सेमल
पीपल, तेंदू की कतार
वनवासों के अवरोध खड़े
कंटकी झाड़
गदरे–पलाश
घन गाँछ घिरी भंडीरों से

दुर्गम पथ थे
अवरोधजनक
पग बँधे
झाड़ियों की उलझी
ज़ंजीरों से

गढ़ क्षेत्र
मेखलाकार घिरे
नद–नालों से
बन बीच विचरते हिंस्र जन्तु
पथ पट
विषैले व्यालों से

वनराज सिंह–दल की दहाड़
दिन–रात सघन पहरे देते
चीतों, वनरीक्षों के समूह
सह सुदृढ़ व्यवस्था
दुर्ग अभिरक्षण की
थी, प्रकृति प्रवर्तित भेंट
किन्तु बन गयी स्वतः
शम्बर की अपनी

विकट व्यूह

चट्टानी गढ़ की दीवारें
पाषाण सँवारे सिंह द्वार
ऊँची मुँडेरों पर सपाट
बहिरंग खुले
झालर-कपाट
परिक्षिप्त सूर्य की किरणों से
मिट जाते
गढ़ के अंधकार

गढ़ बीच घिरा
परिसर विशाल
नृप दस्युराज का महल
खड़े अंगरक्षक प्रहरी
द्वारपाल
सेनापतियों की विरल
व्यूह रचना अविरल
चक्रमित गुप्तचार के समूह
जल-स्थल सैनिक
शिविर पोत

आरक्षित अश्वारोहित दल
नृप-सदन-निकट
पूजित घट-घट
दासों के अपने एकमेव
पाषाण तराशे
तुंग शिला के

'लिंगदेव'
जो आर्य पूज्य
वेद, इन्द्र, वरुण के घोर शत्रु
दासों के अपने इष्ट देव
श्री 'उग्रकाल'

पूजता जिसे तांत्रिक भैरव
कौतुल कापालिक भेष
स्थूल काया वीभत्स
कटि पर पहने करधनी सीप
बहुरंग गले में वन्यमाल

माथे पर गाढ़ा लाल तिलक
पूजन करता नित थिरक-थिरक
पावों पर देता-ताल
पुलक
आह्लादित होते असुर
नाचते-गाते
शीश झुकाते
जुटकर झुण्ड-झुण्ड
बँटते नैवेद्य
दहकते
अग्निकुण्ड

गढ़ परिसर में ही
पंक्तिबद्ध बंदी गृह में
निपुजन निबद्ध

कुछ दूर वहीं एकांत-शांत
सैनिक शिविरों के घिरे
प्रान्त

पत्थर निर्मित
विशिष्ट राजबंदी गृह में
हो गये विश्वरथ भी
निबद्ध
गढ़ परिसर में...

१० वाँ सर्ग

चिंतन

बंद, गढ़ के तुंग तोरण द्वार
प्राचीरें तनी थी
घिर गया था
घन तिमिर निस्पंद
परिसर में निशा के
ध्वनित कर्कश स्वर
मुखर पद-चाप केवल
प्रहरियों के,
गूँज उठते प्रतिध्वनित
तमविद्ध सन्नाटे
निशा के...

गर्वगर्हित दुर्ग
मिमिराच्छन्न परिसर
शान्त वातावरण
ढलती रात का अंतिम
प्रहर था
शान्त बैठे विश्वरथ
एकांत बन्दी कक्ष की
शुभ पीठिका पर

गहन चिंतन
मनन में चित मग्न
गहरी नींद में सोया
नगर था–
क्यों अगस्त्य महान्
और अनार्य नृप शम्बर
युद्धरत होकर निरंतर
लड़ रहे हैं

दो महायोद्धा
महत्तम शक्ति के दो पीठ
सम्भवतः भ्रमित हो
ध्वंस-पथ की ओर
पग-पग बढ़ रहे हैं...

यह अकिंचन
अहं का टकराव
अथवा, लोक हित से जुड़े
जनकल्याण का
कुछ लक्ष्य भी है?
न्याय या अन्याय
अथवा सत्य और असत्य का
स्वीकार्य
कोई पक्ष भी है...

सत्य तो शाश्वत
अपितु यह जगत् मिथ्या
मोह का विस्तार

माया का अलंकृत
आवरण है।

युद्ध का उन्माद
केवल अहं का टकराव
बर्बर वृत्ति
पशुवत् आचरण है
और नर-संहार से उपलब्ध
लौकिक जय पराजय
एक क्षणभंगुर अहं की तुष्टि
मन की भ्रान्ति है...

युद्ध का वैकल्प तो
केवल अहिंसा प्रेम
करुणा शांति है

नित्यशः
युग सत्य के सापेक्ष
प्रायः उभरते कुछ प्रश्न
ऐसे, विश्वरथ के क्षुब्ध
मानस-पटल पर
किन्तु रह जाता
परस्पर उलझ कर रह सूत्र
कोई हल न मिलता
बैठ जाते पावनी कुश-पीठिका पर
आचमन पूजन
नमन कर उतर जाते
अतल की गहराइयों में

जहाँ खुलते हैं अनाहत
दिव्य अंतस चेतना के द्वार
सत्य के सापेक्ष
जगमग ज्योति उन्नत
और होता
आत्मकेन्द्रित
स्वयं में ही स्वयं का विस्तार

इस तरह एकांत नित
गढ़ बीच बन्दीकाल में भी
साधनारत
अनवरत
विश्वरथ तो पा गये थे
स्वयं ही ऋषि-कल्प का
आलोक-पथ...

दुर्ग बन्दी काल
नियमित साधनारत
आर्य नन्दन
देखते नित भोर, प्रायः
एक चाक्षुस-सत्य
प्रश्न उठते
यह कहाँ सम्भव
अनार्यक दुर्ग में
यह तो सम्भवतः हमारा
दृष्टि-विभ्रम मात्र

किन्तु संशयजन्य

मन फिर पूछता
यह नहीं सम्भव तो आखिर
कौन धर जाता है,
पुष्प, पल्लव,
बिल्व दल
घृत दीप बाती
कमण्डल पर सजाकर
कौन भर जाता है
मेरे अर्घ्य का जल पात्र?

११ वाँ सर्ग

शाम्बरी

व्योम के तारे हुए निष्प्रभ
निशा वीती
शितिज के तिमिर तट पर
घिर गया था
एक पुंजित अरूण घेरा
खुल गया था
स्वर्ण मंजूषा उषा का
एक चुटकी संदली कुमकुम
फिसल कर
अलस प्राची के अधर पर
गिर गया था

शांत प्रातः काल का
एकांत बन्दी कक्ष
गधिज बैठ पद्मासन
नैयक्तिक वरुण वंदन
आचवन कर
दे रहे थे अर्ध्य
अंजलि में लिए

उठ रही थी
वन्य फूलों की मंदिर
मधु गन्ध
घुलकर पवन में
उड़ रहे थे दृग विंधे मकरंद
मुकुलित बुझ गये थे
व्योम के टिम-टिम दिये

और सहसा
भंग कर चिर मौन
सूने कक्ष की
थम गयी पगध्वनि
किसी की द्वार पर
देख विस्मयजन्य
विस्फारित हुए दृग
देहरी पर एक सुन्दर
चारु चंचल
दिव्य काया
अभिलाषित तारुण्य के
लावण्य से...

माँज कर मणिकूट की
कज्जल शिलाओं सी
सवारी देह
अभृत ऋतु घटा से
घिरे कजरारी कचूरी
केश कुंतल
कंचुकी में कसे

कंदुक से उछलते
पीन कुच

शंख सी ग्रीवा सुशोभित
पुष्प कलिकाओं की
गुम्फित शुक्ति-माला
श्वेत मुक्ता के प्रवाली
कर्ण कुण्डल
सीपिकाओं की बँधी
कटि कर्धनी...

स्निग्ध पुष्ट नितम्ब
कदलक पिण्डलीम
मद्‌भरित लोचन
विद्युती चितवन
कलुष विध्वंसनी
अधर पाटल पर थिरकेती
चपल स्मृत रेख
अरुणिम...

कृष्ण कलित कलाइयाँ
उत्फुल्ल गदरायी लता-सी
खनकते
घन घुँघुचियों के
बंधे कंगन
दीप्त कर्पूरी कुलिज

देखते हतप्रभ ठगे-से

गाधिनन्दन
पूछते उन्मथित संज्ञासिक्त
मन से
इस अनार्ष म्लेच्छ गढ़ में
यह अलौकिक देह मंदिर
हो रहा हूँ
क्यों भ्रमित मैं
दृष्टि विस्मय भग्न

क्या कहूँ इस दृष्टिगत
परिदृश्य को
सत्य अथवा
एक जाग्रत स्वप्न

देख असहज
और विस्मय भ्रमित
यों आर्येशु को
एक मदिर कटाक्ष
मृदु मुस्कान भर कर
अधर पर
निष्कलुष निःस्पृह
हँस दी मुखर वाला

छू गयी यह
मर्म वेधित व्यंजना
हो गये दृग कोर कंपित
तन गयी भू भंगिमा
किन्तु किंचित्

सहज बोले, विश्वरथ

मैं, समादृत
भरत कुल का आर्य
मानस पुत्र मित्रावरुण का
और शम्बर का
अपहृत शत्रु बंदी
किन्तु नियमित साधनारत
दे रहा हूँ चेतना को
ऋतु मुखी विस्तार
और तुम...

नारी
सनातन
सृष्टि की उलझी पहेली
प्रकृति माया की रहस्या
तपस्या पथ का
तिमिर अभिसार
लाँघ कर देहरी निषेधित
हविर मंत्रित कक्ष की
शुभ वेदिका तक
आ गयी
तुम कौन हो?

वुद्धि-प्रज्ञा से परे
लगता तुम्हारे
संस्मित दृग कोर का
यह व्यंग्य विहित कटाक्ष

मुखरित भंगिमाएँ
किन्तु वाणी मौन
आखिर
कौन हो तुम?

प्रात की यह देव वेला
शान्त निबिड़ निसंग
मेरा कक्ष
और असमय
यह तुम्हारा अनाहूत
प्रवेश
चपलित भंगिमाएँ
विदुर विध मुस्कान

लगता तुम निरंकुश
दस्यु सत्ता के प्रवर्तन
उन्नयन की कड़ी
आसुर वृत्ति के विस्तार की
ध्वजवाहिका हो
या कि तुम
उस कुटिल शम्बर के
किसी षड्यंत्र की
सह नायिका हो
अन्यथा
क्या व्यक्त करता
यह तुम्हारा
कूट मिश्रित मौन
बोलो

कौन हो तुम?

शान्त थी
बोली सहज आगन्तु 'बाला'
जानती हूँ आर्य!
उत्तम भरत कुल के भाल
गुरुकुल केतु
भावी आर्य सत्ता के प्रवर्तक
नृपति मण्डल के नरेश
किन्तु हे आर्येशु
नारी जगत् पर
यह सुलगता दग्ध
दंशित बोध
व्यक्तिगत क्या
किसी दुर्घटना से आहत
अहं है?
या सकल नारी जगत् पर
आर्ये के आर्यत्व
चिंतन का नया
यह शोध है?

नारी सृष्टि की
उलझी पहेली
प्रकृति माया की रहस्या
या सनातन सृष्टि की
जनमी, नमस्या?
आर्य यह कैसी
अतद्गत धारणा?

शास्त्र कहते
परम तत्त्व
सुस्वत्व से
दो रूप प्रकटे
पुरुष नर, नारी प्रकृति के
सम–समागम योग में ही
सन्निहित
इस सृष्टि की पूरी कथा है

शास्त्रगत इस दृष्टि से
हे आर्य नन्दन
मातृ घोषा कौन?
जिनके तपोअर्जित
पुण्य फल की शक्ति से
अभिषिक्त
उनके इष्ट का
ऋषि चरु बना
दिव्य दैहिक द्राक्षा का
पूर्ण स्वत्व निचोड़ कर
'विश्वरथ' से पुत्र को
जिसने जना
हो गयी थी भावविरुद्ध
अनार्य कन्या
शान्त मुख मण्डल
प्रभासित नेत्र
संयत सहज वाणी
व्यंजना के संग
लगता दुर्ग से कुछ दूर

जैसे घाटियों में
भोर के मनमुग्ध वजते
जल तरंग,

हो गये कौशिक, निरुत्तर
चकित से
देख एक अनार्य कन्या की
विरल यह वक्तृता
मौन कुछ क्षण सोचते!

इस अनार्यक दस्यु गढ़ में
शास्त्र सम्मत ज्ञान का
ऐसा विरल उत्कर्ष
वैदिक धर्मिता

जन्मना यह आर्य मानस
स्वगत की अनुभूति
कर्मणा है
किन्तु यह प्रत्यक्ष
जीवन-बोध चक्षुस सत्य
विरल प्रतीति

तपोमय जीवन जगत् का
यह नया परिवेश
संशय द्वन्द्व की उलझी
कड़ी थी-
किन्तु सद्यः भूत
जिज्ञासा शमन के बीच ही

दो विभु नक्षत्रों के
मिलन की
शुभ घड़ी थी–

दुर्ग कलशों पर
उतर कर भोर ठहरी
मन्द मंथन पवन की
अलसित
छुअँन
सुखद इस परिवेश से
प्रेरित स्वयं संवेद्य
बोले, गाधिनन्दन...

तार्किक है कथ्य
पर उलझाओ न मेरे कथन
वाग्विदग्धता से
बड़ा जटिल प्रसंग है,
उस परमतत्त्व
सुतत्त्व का
और मेरा कथन भी
न तो आग्रहपूर्ण
न ही कथित दंशित बोध
वह तो सकल नारी जगत्
का निहितार्थ है...

किन्तु माँ 'घोषा' 'सदृश'
कुछ नारियाँ
अपवाद भी तो हैं

जो सदा स्वचित्र
नारी जगत् की आदर्श
निश्चित रूप से आदर्श
और प्रणम्य है...

तथापि भद्रे
आर्य संस्कृति के
सनातन शत्रु
कट्टर यज्ञ-द्रोही
दुर्ग में भी
यह तुम्हारा आर्य चिंतन
याज्ञिक आसक्ति
वैदिक ज्ञान-अर्जन
क्या नहीं लगता, तुम्हारा
स्वगत ही
संदिग्ध है...

परम्परागत नारियों के
परस्पर दो रूप
भिन्न स्वरूप हैं
कह नहीं सकता, तुम्हारे
प्रगल्भित इस आचरण में
निंद्य और नमस्य
क्या है?

सच नहीं छिपता
मुखर अभिव्यक्ति से
सत्य तपता सूर्य है

जो छद्म से ढकता नहीं
वह कभी
ढलता नहीं है...

किन्तु माना
तुम, विलक्षण
विरल है प्रतिभा
तुम्हारी
व्यक्त में अव्यक्त
और अव्यक्त में भी
व्यक्त
यह कठिन तप-योग
ऋत की साधना है...

व्यक्त में इतिवृत्ति
लेकिन, मर्म भेदी व्यंजना
अव्यक्त में
बड़ा बेधक है
तुम्हारा मौन
बोलो
कौन हो तुम?
प्रहरियों से
स्वयं को बचते-बचाते
पाँव की आहट, चप्पल
पगध्वनि दबाती
लांघकर नारित्व धर्मा
आचरण की संहिताएँ
आ गयी औचक

यहाँ तक किसलिए?
क्या प्रयोजन आगमन का
लक्ष्य ध्येय निमित्त
भद्रे वार्ता का सेतु
आख़िर हेतु क्या है?
मौन तोड़ो
सच बताओ
कौन हो तुम?

शान्त बोली
खिन्न बाला
सच बताऊँ-आर्य
क्या सच सुन सकेंगे आप–?
क्योंकि
बड़ा निर्मम, क्रूर है
अभिशप्त भी,
इस अप्रिय
अभिशप्त सच में
दहकते अंगार-सा है ताप–
क्यों अमंगल-योग
सुनना चाहते हैं?
कण्ठ तक आकर
ठहर जाते हैं
जैसे शब्द मेरे
ओठ खुल पाते नहीं हैं

मैं यहाँ आयी थी
लेकर सामयिक

सन्दर्भ के कुछ प्रश्न
किन्तु ऐसे क्रूर
सच से घिर गयी हूँ
आर्य की प्रतिक्रिया से
आहत हुई मैं
स्वयं अपनी दृष्टि में ही
गिर गयी हूँ
विवश होकर किन्तु
जो कुछ कह रही हूँ
आर्य सुन लो...

मैं न कोई दस्यु सत्ता के
प्रवर्तन की कड़ी हूँ
मैं नहीं सर्जक प्रविधि भी
किसी सत्ता तंत्र की
या किसी भी तंत्र के
षड्यंत्र की
मैं न कोई मोहनी
मायामयी हूँ
या न तप-पथ का तिमिर-अभिसार
मैं नहीं उन्मुक्त यौवन की
मदिर मदयंत्रिका हूँ
या नहीं सुरलोक की
कादम्बरी हूँ

व्यक्त और अव्यक्त का
मंतव्य मैं समझी नहीं
वस्तुतः मैं तो

महर्षि अगस्त्य के घुर शत्रु
'शम्बर' की दुलारी
प्रिय, अनन्या
राज-कन्या
नाम 'उग्रा' साँवरी हूँ!

चकित बोले
गाधि-नन्दन विश्वरथ
क्या कहा?
तुम दस्यु अधिपति युद्धरत
उन्मत रक्तपिपासु
शम्बर की दुलारी
राजकन्या
शम्बरी हो?
और यह आर्यत्व चिंतन
शास्त्रसम्मत ज्ञान?

कौन है आचार्य
किसने दी तुम्हें
यह शास्त्र-विद्या-ज्ञान
श्रेष्ठ किस गुरु ने
तुम्हें दीक्षित किया है
इस अनार्यक दुर्ग में भी
किस अर्थवण ने
तुम्हे संबल दिया है?

सच कहा था, अभी तुमने
बड़ा निर्मम, क्रूर है

सचमुच तुम्हारा सत्य
प्रत्युत, चलो माना
तुम अनन्या राजकन्या
शाम्बरी हो...

किन्तु भद्रे!
मैं तुम्हारे पिताश्री का
शत्रु बंदी
भरत कुल का एक उन्नत
आर्य
और तुम आर्यत्व-वैरी
नृपति शम्बर की
दुलारी राजकन्या
क्षितिज के दो छोर-

यह अशुभ संयोग
संगति में विसंगति
काल की कुछ वर्जनाएँ
दुर्ग का प्रतिकूल हर परिवेश-
लगता है कहीं नेपथ्य में
कुछ निहित अर्थ विशेष

क्षुब्ध बोली 'शाम्बरी'
हाँ, अर्थ हो सकते हैं,
कुछ नेपथ्य में, पर
अर्थ भी कुछ व्यक्त
कुछ अव्यक्त होते हैं...

मैं स्वयं अनभिज्ञ
जाने क्या विवशता
राग, किस अनुराग के
स्वर, ताल, लय पर
सध गयी हूँ...

जाने क्या भविता
अजाने किस नियति की
डोर में यूँ बँध गयी हूँ!

एक अनबूझी पहेली–सी बनी
जाने कब कैसे?
यहाँ तक आ गयी हूँ
क्या पता चेतन
कि अवचेतन में 'कौशिक'
मैंने खो दी है,
कहीं कुछ या कहीं कुछ
पा गयी हूँ?

आचरण में,
या कि वाणी में नहीं था द्वैत
संम्प्रति 'शाम्बरी' के
प्रेम करुणा, शान्ति की
अभिव्यंजना,

परस्पर मैत्री और
उन्मुक्त सह अस्तित्व की
सौहार्द की अभ्यर्थना

संवेदना थी–

अस्तु, उसके विकल मन की
यह विकलता
भाव निश्छलता, प्रवणता देख
छँट गयी हर भ्रान्ति भ्रामक
द्वन्द्व, संशय की
घुमड़ती धुंध
मन हुआ आश्वस्त
बन्दी विश्वरथ का

द्वादश-सर्ग

समर्पण

दुर्ग की थी शान्त, नीरव
प्रात वेला
घाटियों में विहग कलरव
पर्वती झरनों के
कल-कल
कर्णप्रिय संगीत
झिर-झिर पवन की
मादक छुअन

एक मोहक मौन आमंत्रण
लिये, नेपथ्य से,
दो परस्पर भिन्न
संस्कृतियों का कौतुक मिलन
तोड़ सारे प्रतिनियत
संकीर्ण बंधन...

इस सुखद परिवेश से
प्रेरित, सहज, सम्पृक्त
बोले गाधि-नन्दन

'विश्वरथ'–
यह तुम्हारे चित्त की
उद्विग्नता है,
मानसिक भटकाव
अथवा बुद्धि का ठहराव,
किन्तु यह मनः स्थिति
सम्हालो राजकन्या
देखता हूँ
एक असहज वृत्ति
राग में भी,
एक विचित्र विराग
चेतना जाग्रत है, लेकिन
निज नियोजित
निजस्व का ही त्याग

लग रहा है,
तुम स्वयं ही जगत् जीवन से
विमुख हो,
स्वयं में ही खो गयी हो?
या किसी मृग तृष्णिका में
सहज ही उद्भ्रान्त
मृगया हो गयी हो...

वस्तुतः संसार ही
यह एक मृग-तृष्णा सदृश है
अतृप्त तन की प्यास
मन की भ्रान्ति,
दुख, पीड़ा, घुटन, संत्रास

लेकर भटकना
अनुदिन भटक कर
भटकते रहना, निरंतर
काल की अपनी नियति है,

यहाँ कुछ पाना नहीं है
मात्र खोना
निरंतर खोना ही खोना
यही मानव की प्रकृति
प्रारब्ध
जीवन की सहज, सामान्य
स्थिति है...

शाम्बरीः नहीं 'कौशिक'
नकारात्मक सोच है, यह
तुम कुशिक कुल के
समादृत आर्य
श्रेष्ठ जीवन-मूल्यों के
प्रवर्तक, प्रेरक
समर्थक हो
और मुझको दे रहे हो
हीन प्रतिगामी
पलायन वृत्ति का उपदेश?

क्या नियति के क्रूर वर्जन
चुनौतियों से भाग कर
स्वयं का कातर समर्पण
या कि सम्मुख अनवरत

संघर्ष का संकल्प?

साक्षी है आर्य-भूषण
पिता श्रीयुत गाधि का
गौरवमयी इतिहास
प्रेरक ओज-वाणी
'वीर भोग्या वसुन्धरा' के
पथ-जयी संदेश
सिन्धु तट से
प्रतिध्वनित
इस दुर्ग तक भी गूँजता था
तूर्य का जय-घोष
क्या जीवन कथित
संत्रास, दुःख, पीड़ा, जुगुप्सा
मात्र का पर्याय है
याकि, फल की प्राप्ति से
निरपेक्ष,
केवल कर्म के प्रति
स्वयं का श्रेयस् समर्पण है?

शास्त्र विद् चिंतक
मनीषी भी
यही शुभ संदेश प्रेरक
दे गये हैं
दुःख और सुख
हर्ष और विषाद
दो आयाम हैं
सापेक्ष जीवन के

विश्वरथः हाँ, बहुत कुछ श्रुत्य है, यह भी
किन्तु मानव प्रकृति के
प्रतिभिन्न
यह तो मात्र शुभ संदेश है
उपदेश है
नकार देता है
सहज मानव मनोविज्ञान
क्योंकि धैर्य, दृढ़ विश्वास
मन की आस्थाएँ
साथ चल पाती नहीं हैं
हम उसी को
स्वयं का भटकाव
दुःख पीड़ा और संत्रास
कहते हैं

तथापि भद्रे
यह सुखद आश्चर्य है,
मेरे लिए,
देखकर यह बौद्धिक
उत्कर्ष, तात्त्विक ज्ञान चिंतन
मनन तेरा
नित्य जीवन-जगत् का
अनुभाव दुर्लभ

किन्तु उठता प्रश्न मन में
क्यों नहीं कर सकी प्रेरित
अभी तक

युद्धरत उन्मन्त
शम्बर पिताश्री को
प्रेम करुणा शान्ति का पथ
रक्त–रंजित
घृणा, द्वेष, नृशंस हत्या
नित्य नरमुण्डों के कटते
दग्ध शोणित से
पट रही है, पुण्य धरती
घट रही मनुजत्व की गरिमा
कलंकित हो रहा है,
इतिहास स्वर्णिम
सप्तसिन्धु महान् का

राजकन्या हो
पिता की लाडली भी
सुशिक्षित, सक्षम, समुन्नत
संस्कारों में ढली हो
समय की यह मांग है
खुलकर कहो
शम्बर पिता से
युद्ध का विकल्प केवल
शान्ति है
घृणित हिंसा, द्वेष
बर्बर युद्ध की
यह वृत्ति छोड़ें
शत्रुता की विप्लवी धारा
सहज ही
प्रेम, करुणा शान्ति के

सागर से जोड़ें

शाम्बरीः हाँ कदाचित्
आर्य नन्दन
मैं भी आयी थी यही कहने
समादृत, आर्यनृप मण्डल के
भावी नृपतिश्री से
सत्य, ऋत का पक्षधर हूँ
कहूँगी निश्चित पिता से

किन्तु पहले
आर्य गुरुओं को सम्हालो
ऋषि वसिष्ठ महर्षि
कट्टर रक्त धर्मा
मानते हैं, जन्मना हम
असुर, शूद्र अछूत हैं
और अगस्त्य महान्
रच दी थी
सृष्टि नूतन
झुक गया था, विंध्यगिरि भी
साभिनन्दन
पी गये थे सिन्धु
अंजलि में उठाकर
पर न अब तक
पी सके गुरु घूंट भर भी
राग, ईर्ष्या, द्वेष...

उच्च विद्यापीठ से ही

युद्ध के संचरण होते
आश्रमों में बृहद शस्त्रागार
इन्द्र का आह्वान, प्रतिदिन
अनुशरण होते
जुझारू विगुल बजते

युद्ध-आयुध के प्रयोजन
गृद्ध मडराते शवों पर
श्वान श्रृंगालों के लोलुप झुण्ड
नोच जाते लोथड़े
अभिशप्त क्षति-विक्षत
पड़ी हैं सड़ी लाशें
भूमि पर

इन्हीं कट्टर पंथियों से
आर्य-सत्ता का
नियंत्रण हो रहा है
स्वयं अपनी व्यूह-रचना से
पराजित
शक्ति घटती जा रही है
आत्मबल भी खो रहा है

वस्तुतः विपरीत
इस परिवेश में
हे गाधिनन्दन
आग्रही इन धर्मगुरुओं से
शान्ति की कोई पहल
सम्भव नहीं है

बुझ चुके हैं दीप
करुणा शान्ति के
पल रही प्रतिशोध की
ज्वाला अहर्निश
प्रेम के, सौहार्द के
उत्सव नहीं हैं

१३ वाँ-सर्ग

प्रणय-प्रसंग

आर्य! बस इतना
यही कहने यहाँ तक आ गयी थी
प्रश्न थे कुछ अनुत्तरित
मन उन्मथित
उर विद्ध था

थम गये थे पाँव
मर्यादा के भय से, किन्तु
जाने किस अदृश्य अन्तःशक्ति से
एक नव विश्वास
संबल पा गयी थी

जा रही हूँ
किन्तु इतना याद रखना
मैं तुम्हारे
सुयश का, सुकृत्य का
अनुशरण करती रहूँगी
जब भी चाहोगे
स्वयं नेपथ्य से

सामयिक सह भूमिका का
निरबह्न करती रहूँगी

आर्य का गन्तव्य शुभ हो
शुभ विदा...

भावविद्व
विदग्ध, कातर
विदा के क्षण
देखते हतप्रभ रहे कौशिक
ठगे से–
मन विकल, विह्वल
अचल दृग, उभयतः
ऊपर टँगे थे, निष्कलुष
निष्कंम्प
अपलक शान्त, अविचल
मौन पसरा था परस्पर
अधर-तल पर

भंग कर यह मौन
बोले 'विश्वरथ'–
जा रही हो?
जगत्-जीवन की
विहंगम दृष्टि देकर
मनः सुख-सौन्दर्य की
अनुभूति श्रेयस्
व्यष्टि में ही एकनिष्ठ
समष्टि देकर

मानसी मेरी रचित नवसृष्टि
लेकर जा रही हो?

शान्त मेरे अहैतुक
मनसिन्धु को
कल्पना के ज्वार देकर
एक शुभ संकल्प
तट की खोज का विस्तार
देकर
ज्योति का अभिसार
लेकर जा रही हो?

पंथ देकर
पंथ का पाथेय देकर
मन मरुस्थल को छलकते
प्रेम का पीयूष वर्षी
प्रभृति प्रमेय देकर
शाम्बरी क्यों
श्रेय का अश्रेय लेकर
जा रही हो?

शाम्बरीः
आर्य यह क्या?
क्यों भला अतिरिक्त
भावुक, भाव अतिरंजित
हुए हो?
जो स्वयं तत्त्वज्ञ
मोहासिक्त और विरक्ति से

उन्मुक्त
योग-वियोग के अनुभाव से
अविकार्य असंम्पृक्त
उस सुधी सर्वज्ञ को
मैं क्या बताऊँ
सूर्य को दीपक दिखाऊँ?

भावना का यह सहज उद्‌गार
लगता, आत्मगत सौन्दर्य की
अभिव्यक्ति है
और यह सौन्दर्य भी
सापेक्ष वस्तु विशेष
एक विशिष्ट पावन दृष्टि है
दृष्टि एक विमुग्धता की
पवित्रता की प्रेम की...

प्रेम का अभ्युदय होते ही
स्वतः हो जाता है जीवन
प्रेममय, सौन्दर्यमय
आनन्दमय
वस्तुगत स्वरूप,
रूप, कुरूप जो
जैसा भी दिखता है
किन्तु निश्छल प्रेम में
सब कुछ सहज, संवेद्य
सुन्दर तम ही लगता है...

प्रेम की अनुभूति में

यह देय और अदेय
श्रेय–अश्रेय कैसा?

प्रेम अपने आप में ही
पंथ भी है
पंथ का पाथेय भी है
प्रेम का यह तत्त्व दर्शन
अलौकिक
अनावृत है
यहाँ संचित पट नहीं है
प्रेम वह अनाद्यन्त
अमित अनंत सागर है
कि जिसका ज्ञात या अज्ञात
कोई तट नहीं है

विश्वरथः हाँ, बहुत कुछ
सत्य ही तुमने कहा है शाम्बरी
अनिंद्य इस सौंदर्य प्रेरित
प्रेम का दर्शन यही है
किन्तु मेरा कथन भी
स्थूल अर्थों में नहीं है

नेत्रों में तपोव्रत की
ज्योति भर कर देखता हूँ
आत्मा के अतल
गह्वर में उतर कर
देखता हूँ
जगमगाते दिव्य दिव्यालोक से

सान्निध्य प्रज्ञा संतरण
कर देखता हूँ

प्रेम अपने आप में
होता नहीं संबन्ध कोई
वह तो अपने स्वयं के अस्तित्व
की ही एक स्थिति है

वह स्वयं से स्वयं तक की
यात्रा का
अभ्युदय का द्वार
शाश्वत संसार का
विस्तार है

हम जिसे कहते हैं
प्रायः प्रेम,
वस्तुतः वह एक सम्मोहन है
हेतुक कामना है,
वासना है
वह निहित आरक्ति है
आसक्ति है

प्रेम हो सकते हैं हम
पर प्रेम कर सकते नहीं हैं
क्योंकि भद्रे
प्रेम अपने आप में
होता नहीं सम्बन्ध कोई
वह स्वयं में पूर्ण

ऐसा दीप्त घन आलोक है
जो कभी बढ़ता नहीं
घटता नहीं है
वह नियत सम्बन्धों की
संकुल परिधि में
अँटता नहीं है

प्रेम अपने निजस्व के
अतिरिक्त
और कुछ देता नहीं है
निजस्व के अतिरिक्त
कुछ लेता नहीं है

प्रेम न तो किसी पर
अधिकार करता है
और न ही स्वयं पर
किसी का अधिकार भी
स्वीकार्य करता है

नियत शर्तों बंधनों से मुक्त
सहज प्रेम-प्रवाह ही
व्यक्ति के व्यक्तित्व की
सम्पूर्णता है

प्राप्य इस आयाम पर
और कुछ अतिरिक्त पाने की
ललक इच्छा-अनिच्छा
शेष रह जाती नहीं है

प्रेम का गन्तव्य, केवल
व्यष्टि में ही
समष्टि का अभ्युदय
आत्मा की रिद्धि का विस्तार
दुर्लभ सिद्धि है

शाम्बरीः किन्तु कौशिक
प्रेम की इस प्रकृति में
विचित्र विरोधाभास भी हैं
यहाँ जितनी तृप्ति
उतनी प्यास भी है
प्यास की अनुभूति भी तो
आकांक्षा आसक्ति है
और चंचल अथिर मन की भी
विचित्र विडम्बना है
सुप्त इच्छाएँ भी
प्रायः जाग सकती हैं
और अपने पंख में
भरकर हमें
गहन तिमिराच्छन्न पथ की
ओर लेकर भाग सकती हैं

विश्वरथः मन की इच्छाओं की
अपनी गति नियति है
स्वजात इच्छाएँ
कभी अभ्युदय करती हैं
पर कभी तो
ध्वस्त कर देती हैं

पूरी अस्मिता
यही है कुछ ज्ञात
कुछ अज्ञात अन्तः वृत्ति
मन की
यही है निःस्सीम
इच्छाओं की निष्ठुर
संहिता

इसलिए हे शांवरी
लगता है मुझको
बड़ा अगम कठोर
दुःसह, दुःसाध्य पथ है
प्रेम का

जाने कितने पर्वतों से
सागरों से, घाटियों से
और घातक घने जंगल
बीहड़ों के बीच
अंधी कंदराओं से घिरा है
प्रेम का यह पंथ

प्रेम का तो बस यही
निहितार्थ
और यथार्थ है,
त्याग सारा राग
ईर्ष्या, द्वेष, कुण्ठा मोह, लिप्सा
प्रेम, करुणा, शान्ति का
भवितव्य इत्थम् इदम् देखें

तुम भी देखो
हम भी देखे
सृष्टि को कर नमन देखे

शाम्बरी: मैं नहीं चिंतक मनीषी
बुद्धि भी अल्पज्ञ
तात्त्विक प्रेम का यह गूढ़ दर्शन
सहज मेरी बुद्धि
चिंतन से परे है
क्योंकि तात्त्विक प्रेम की
अनुभूति तो
सर्वथा अव्यक्त
शब्दातीत है

तथापि कौशिक
झाँककर देखो हमारे नेत्रों में
है, कहीं आकांक्षा
आसक्ति कोई
राग, ईर्ष्या, द्वेष, कुण्ठा
मोह-लिप्सा?
प्रेम, करुणा, शान्ति के
ऋतु मेघ ही उमड़े हुए हैं
चाहती हूँ
बरस कर मैं
सिन्धु बन जाऊँ सनातन
लाँघ गर्वित पर्वतों को
सागरों को
घाटियों को

अहंकृत घनघोर जंगल
बीहड़ों को, आप्लावित
लुप्त कर स्वायत्त सारा
बह चलूँ अनुदित अहर्निश
प्रेम, करुणा, शान्ति की
जलधार बनकर
दूर के दोनों तटो के बीच

शान्त कर दूँ
युद्ध लिप्सा, क्रूर हिंसा
जुगुप्सा की
मानवी यह
हीन, वृत्ति, प्रवृत्ति

विश्वरथः धन्य हो तुम शाम्बरी
मुग्ध हूँ
अभिभूत हूँ मैं
देखकर यह
श्रेष्ठतम नारित्व का संकल्प
शान्ति, करुणा
प्रेम के प्रति
स्वयं का निश्छल समर्पण

अनंत घन आकाश को
विस्तार देती दृष्टि
व्यष्टि में ही समष्टि की
कल्पित विरल नव सृष्टि
एक नारी में निहित

जैसे कि पूरी सृष्टि का
नारित्व
सन्निहित संयुक्त जिसमें
धराधर्मी
धैर्य का धारित्व

शाम्बरी के अर्थ में भी
तुम नहीं मायामयी वह राजकन्या
अपितु तुम तो भी हो कदाचित्
भावनी भी हो कदाचित्
भैरवी हो
मैं तुम्हारे दूरगामी लक्ष्य के प्रति
समर्पित, प्रतिबद्ध हूँ
रोक दूँगा
आर्य और अनार्य दोनों ही
कुलों के अहं का टकराव
कहूँगा गुरु द्वय
वसिष्ठ अगस्त्य से

युद्ध का विस्तार
बर्बर–वृत्ति है
आपसी सौहार्द करुणा
शान्ति के कुछ नये
शुभ–सोपान गढ़कर देखिये

खोलकर नूतन जगत् के द्वार
ज्योति पथ की ओर
बढ़कर देखिये

रोकिये दोनो कुलों के
अहंकृत बिखराव
पीढ़ियों के ध्वंस का
यह आग्रही, गर्हित, घृणित
टकराव

आर्य और अनार्य दोनों
एक ही स्वपितृ कुल की
मूल संतानें हैं, लेकिन
यज्ञ, पूजा, कर्म-पद्धतियों को
लेकर बँट गए वे सुर असुर के
दो पृथक् शिविरों,
कुलों में

जानता हूँ कठिन है, यह लक्ष्य
लेकिन असम्भव
कुछ भी नहीं
क्या किसी सन्मार्ग पथ के
पाँव रोक पाती है
खड़ी बाधा कहीं भी

मैं उठूँगा
काल का भी काल, बनकर
ज्वाला मुखियों का
मुखर मुह नोच लूँगा

मैं उठूँगा
वरद विप्लव ज्वाल बनकर

धूमग्रह, धुमकेतुओं को
घेर कर
मुँह नोच लूँगा

मैं उठूँगा
व्योम का घन नाद बनकर
धूम मेघों का तना
विकराल गुम्बद चीर दूँगा

मैं उठूँगा
गगन तक विस्तार लेता
निरंकुश तम-तोम का मद
चीर दूँगा

मैं उठूँगा
दिनांधित दिनमान का रथ
छीन लूँगा
क्रूर काराओं में बंदी
ज्योति का पथ
छीन लूँगा

मैं तुम्हारे
प्रेम का दिव्यास्त्र लेकर
दिग्जयी अभियान की
नवदृष्टि दूँगा
युद्ध से अभिशप्त आपद
सप्त सिन्धु महान् को
प्रेम करुणा शान्ति की

नव सृष्टि दूँगा

इन्द्र का मैं
अग्नि का उज्ज्वल मुकुट
तुम दिव्य दीपित
मुकुट मणि हो
वरुण हूँ
आकाश हूँ मैं
तुम धराधर शेष की
उद्दीप्त फणि हो

मैं नवोदित
पूर्ण आर्यावर्त का दिनमान
तुम छलकती
रश्मिघट सम्पूर्तिका हो

मैं समादृत
'कुशिक' कुल का कीर्तिध्वज हूँ
तुम धवल कुल-कीर्ति की
कस्तूरिका हो

शाम्बरी: आर्य का यह भाव
मेरे प्रति अनुग्रह, स्नेह है
औदार्य है, पर
मैं नहीं चाहूँगी बनना
मुकुट-मणि
मैं नहीं चाहूँगी
बनना रश्मि-घट

भाग्य भी ऐसी कहाँ
कि बन सकूँ वह
कीर्ति–कुल कस्तूरिका

कामना है मात्र इतनी
तुम बनो
हे आर्य तिमिराच्छन्न
पथ का दीप
और मैं शुभ वर्तिका
तिमिर पी–पी कर ढलूँ
तिल–तिल जलूँ मैं
अहर्निश जलती रहूँ
उस तमजयी पथ–दीप की
अन्तिम किरन तक
बस यही प्रिय कामना है
आर्य का पथ, यशजयी हो,
शुभ विदा...

शुभ विदा कहकर उठी,
उठकर चली वह
कलाकल्पक की कलाओं में
ढली–सी
भोर की कचनार,
जैसे सान्ध्य की मुकुलित
कल–सी

यह सहज सम्भाव्य
विषम वियोग की कातर

घड़ी थी
पृथ बँधे पगविद्ध बोझिल
पाँव में निष्ठुर नियति की
संयमित बेड़ी पड़ी थी

देखते ही रहे अपलक
विश्वरथ
कण्ठ कातर रुद्ध
वाणी लुप्त
सह सके जो कुछ
विवश हो सह गये

शेष निश्छल प्रेम की
यह दुखद परिणत
सजल, अंतरमौन में ही
मौन, मन से कह गये

१४ वाँ सर्ग

आर्य विजय

गुरु 'अगस्त्य' ने
सप्त सिन्धु के आर्य नृपों का
किया मुखर आह्वान
राज कुल आश्रम से

पुष्प गुच्छ है नहीं
तुम्हारा राजमुकुट यह
नहीं नरेशों के माथे की शोभा है
शीश बँधा, यह अग्नि-ज्वाल है
तलवारों की शान
फणित-कण काल-व्याल है

नीति वचन यह
महामन्त्र मत भूलो
सत्ता होती नहीं बपौती
किसी 'राजकुल' की
वह तो मात्र धरोहर-जैसी
वर्तमान की नियति
भविष्य की खुली चुनौती है

आर्य सनातन आभिजात हो
इन्द्र-वरुण के महामात्य हो
सत्ता मद में
राजकुमुट की मर्यादाएँ
भूल गये हो,
मोह-ग्रस्त तुम
सुरा-सुन्दरी की बाहों में
झूल गये हो?

असुरों से आक्रांत
धधकती, सप्त सिन्धु की
धरती
देवभूमि जो सारे जग से
न्यारी
धधक रहा परिवेश
जल रही कंचन क्यारी
भयाक्रान्त चाँदनी
व्योम से नीचे नहीं उतरती

उठो, यशस्वी आर्य पुत्र हो
राग द्वेष, भय त्यागो
वीर भोग्या, वसुन्धरा का
मन्त्र जगाओ, जागो
उठो युद्ध-कौशल का
अपना पौरुष बल-वीरत्व
साध लो
अनल वृष्टि के बीच
स्वयं भी लपटों का

रणकवच बाँध लो

धनुष वाण, तलवार
ढाल पर छेड़ो राग जुझारू
सप्त सिन्धु का स्वत्व
लील जाने के शत्रु उतारू

उठो दर्प-दंभित असुरों का
अहंकार, अज्ञान चीर दो
शम्बर की छाती पर चढ़कर
क्रूर-कृत्य, अभिमान चीर दो

अगस्त्य का आह्वान सुनकर
सप्तसिन्धु महान् का
अपमान सुनकर
आर्यो का स्वत्व, बल
वीरत्व, जागा
नृपति-मण्डल के नरेशों का
पराजित शौर्य
सोया मनोबल
पुरुषत्व जागा

महाऋषि के संगठन की
विविध, व्यापक दृष्टि
अद्‌भुत व्यूह-रचना
अर्थवण का सर्वव्यापी तेज
विश्वरथ के अपहरण
अपमान की सीधी चुनौती

धधकती प्रतिक्रिया के
प्रतिकार में
आर्यत्व जागा

महायोद्धा तृत्सुराज नरेश
'दिवोदास' का नेतृत्व
भारी अक्षुण्ण सैनिक शक्ति
युद्धक कला का आचार्य
गुरुवर्य अगस्त्य का संरक्ष
पाकर
गुप्तचर संचार गुप-चुप
सामायिक रणनीति
समुचित लक्ष्य पाकर
उठे सारे 'आर्यनृप'
गुरुवर्य के आह्वान पर
मिले तृत्सु नरेश दिवोदास से

किये औचक आक्रमण
शम्बर नगर पर
विजयश्री का समर्पित
संकल्प लेकर
स्वयं के बलिदान का
वैकल्प लेकर

घिर गया था, वीर शम्बर
और उसका महारक्षा कवच
दुर्ग अजेय
घिर गयी थी राज्य-सेना

सैन्य शिविरों से चतुर्दिक्
दुर्गतक

भंग थी सारी व्यवस्था
युद्ध संचालन के संसाधन
त्वरित आपूर्ति
कट गये थे सभी पथ-पाथेय
सैन्य बल भी
दो घटक वन
बँट गये थे
किन्तु अद्भुत वीर था, वह
देखकर यह
आर्यों की युद्ध, रचना
रंच धबराया, न भागा
दुर्ग की अंधी सुरंगों से
जूझता ही रहा
अंतिम साँस तक

युद्ध का था भयंकर परिवेश
ढाल, तलवारों की
झन-झनकार
बर्बर कर्ण वेधी धनुष वाणों की
तड़ित टंकार
बीच रह-रह जय-पराजय के
अहंकृत घोष उठते
इन्द्र का घनवज्र विजयी
वरुण का ध्वज छत्र विजयी
अग्नि शक्ति प्रमत्त विजयी

महाभैरव काल की जय
महाविजयी वीर शम्बर,
अनार्य भाल विशाल की जय
आर्य सेना की महाललकार
दृढ़ हुंकार कर्कस
गूँजता आकाश अविरल

इन्द्र, अग्नि, अगस्त्य
मैत्रावरुण की जय
पूज्य सविता देव, सारथि
अरुण की जय
वशिष्ठ के तपज्ञान की जय
अर्थवण के पुण्य-पथ
कल्याण की जय
'विश्वरथ' के जयतु जय
सम्मान की जय
दिवोदास महान् के
अभियान की जय

काँप कर रह गयी थर-थर
धुब्ध अभिशापित सदी
थर-थराई धरा, पर्वत व्योम
पावन सरस्वती पुण्य सलिला
देवताओं की नदी

यह प्रतिष्ठापरक
अंतिम युद्ध था

आर्यों की सुनियोजित
व्यूह-रचना थी
किन्तु अति विश्वास का
अविवेक शम्बर की नियति की
स्वयंभूत प्रवंचना थी

तथापि निर्भय
जूझता ही रहा अंतिम
क्षणों तक वह
काल था विपरीत, पर
बलिदान देकर कह गया था,
मैं वही पर काल ही
प्रतिकूल है
शत्रु को निर्बल समझ
निष्चेष्ट होना भूल है

१५वाँ सर्ग
वैचारिक गतिरोध

सप्त सिन्धु का
युद्ध प्रमादित
क्रूर काल वह बीता
किन्तु विजय-उल्लास
गर्व में मुग्ध आर्य ऋषियों से
पूछ रहा इतिहास
कभी क्या, तुमने
आर्यत्व के मद में
मन का अहंकार भी जीता

अतिथिग्व प्रिय
दिवोदास की राज्य-सभा में
बैठे ऋषिगण, नृपजन, मधवन
बन्दी असुर-अनार्यजनों, के
भविष्य का निर्णय था
ऋषि अगस्त्य अध्यक्षपीठ पर
स्थापित थे, किन्तु
विश्वरथ के विमर्श का
अंतर्मन में भय था

बोले गर्वित गुरु वसिष्ठ
वसिष्ठः
पौरोहित्य–पीठ से
हम उत्तम अभिजात
आर्यजन
ऋषिकृत वर्ण उदार
सतोगुण धर्मा
इन्द्र, वरुण सविता के
मानस पुत्र परम आदर्य
वेद स्रष्टा हैं
हम यज्ञक हैं, सत्य निष्ठ
युग द्रष्टा हैं,

मैत्रावरुण अगस्त्य देव के
सैन्य संगठन
नृप–मण्डल के सैन्य संतुलन
विरल व्यूह रचना से
हमने इन बर्बर अनार्य
दासों की गर्वित
सैन्य शक्ति जीती है
किन्तु न भूलो, इन दैत्यों के
क्रूर कृत्य से,
हम पर क्या बीती है!

ये अयज्ञ अभिशापित
परम म्लेच्छ
देव संस्कृति के द्रोही,
ये अपात्र, अनुदार्य

आर्य-संरचना के विद्रोही
उलझ गये हम
इनकी भावी भाग्य नियति से
निर्णय सरल नहीं है

देख रहा हूँ
सप्तसिन्धु का भावी दर्पण
मेरी बुद्धि, विवेक, ज्ञान में
कोई पहल नहीं है

क्षमादान दे, मुक्त करो
तो, पुर्नसंगठित होकर
बर्बर कृत्य करेंगे
यज्ञ ध्वंस कर युद्ध करेंगे
आर्यजनों के तप्त रक्त से
अभिशापित शम्बर का
तर्पण-कलश
भरेंगे...

और इन्हें शरणागत कह कर
आर्य भूमि पर कहीं बसा दें
अभिमंत्रित कर
दास बना लें,
मेल-जोल सम्पर्क सूत्र से
आर्य-संहिता
संस्कार भी खंडित होंगे
आभिजात्य-अंत्यक की
खींची रेख मिटेगी

आर्यत्व का मान घटेगा
प्रज्ञा शक्ति विलंबित होगी

कठिन समस्या है
विद्वज्जन मिलकर
कोई युक्ति सुझाएँ
आर्यत्व के भविष्य का
यह अहम प्रश्न है
मिलकर इसे बचाएँ

गुरु वसिष्ठ के तर्क
निजी, भावाभिव्यक्ति सुन
मौन हो गये सभी
और जब ताले पड़े अधर पर
सहसा
नहीं किसी न खोले

विश्वरथाः क्षुब्ध विश्वरथ उठे
मुखर हो
मुनि 'वसिष्ठ' से बोले
बैठे है गुरुवर्य अगस्त्य
नृप दिवोदास
ऋषिश्रेष्ठ, पंचजन
मधवन
विद्या बुद्धि विवेक ज्ञान
प्रज्ञा के मान्य पुरोधा
भृगुकुल गौरव पूज्य अर्थवण
युद्ध शान्ति के योद्धा

किन्तु जानना चाहूँगा
मुनिवर वसिष्ठ से
एक प्रश्न
जो अभी कौंधकर
बेध रहा मन मेरा

यह कैसा आर्यत्व
अहंकृत आभिजात्य यह
वर्ण-भेद की खिंचीं दीवारें
और मनों में
इतना घना अँधेरा...

क्या संकट है, आर्यत्व पर
क्यों हो गया संकुचित इतना
आर्यवर्ण का अर्थ?
शब्द संगठन ही ऋषियों की
मन्त्र शक्ति है
किन्तु शब्द के अर्थ बदलकर
क्यों कर रहे अनर्थ?

मैं हतप्रभ हो पूँछ रहा हूँ
भरे सदन में
ऋषि-पुत्रों से हारे
बेचारे इन कथित अनार्य
असुरों को लेकर
क्यों उत्पन्न हुई है
इतनी विकट समस्या

खण्डित क्यों हो रही
पुरोहित-पद की पूर्ण तपस्या?

हम देवों के वरद पुत्र पर
क्यों इतना हो गया
कलुष मन-दर्पण
शरणागत, इन दीन-हीन
दासों के आगे
इतना भीरु समर्पण?
आर्यत्व तो महासिन्धु की
प्रवहमान धारा है
जिसका है तटबन्ध न
जिसका कहीं किनारा है
बाँध सकेगा कौन, भला
इस आर्यत्व का शाश्वत
सलिल-प्रवाह
सागर की धड़कन ही
ले सकती सागर की थाह

अयज्ञ होना ही अनार्य
अन्त्यज अपात्र का मानक कैसे?
किस महान् ऋषि की प्रज्ञा ने
सम्प्रति की नूतन यह शोध
अथवा मुनिवर स्वयं आप का
आत्मदर्श यह बोध?

बीते कल के खुले पृष्ट पर
अंकित है कुछ साक्ष्य देखिए

आभिजात्य, मन तिमिर ग्रस्त है
दृग के खोल
गवाक्ष देखिये

आर्य कहें
अथवा अनार्य, जन, अन्त्यज
दास, दलित या अभिजन
सभी एक ही आदि पितृ कुल
यज्ञपुरुष की
प्रिय संतानें
किन्तु यज्ञ पद्धतियों को लेकर
हम बँट गये असुर सुर के
दो पृथक् कुलों में
बिखर गये सौहार्द्र प्रेम के
ताने–बाने

अस्तु महामुनि
आर्यत्व के आभिजात्य की
गर्वित वृत्ति नकारें
बन्दी हारे अनार्यों का
स्वत्व, आर्य स्वीकारें

वसिष्ठः बोले शान्त वसिष्ठ
पुरोहित प्रवर पीठ से
शुभ भाल पर स्वेद बूँद
मणि छलकी
थम–सी गयी मुखर
मृदु वाणी

आभा नेत्र पटल की

कहा कि हाँ मैं
कट्टर आर्य पुरोहित
मुझे गर्व है स्वयं आर्य होने का
मेरा लक्ष्य नहीं है
कोई नयी क्रान्ति बोने का

वन्दनीय अभिनंदनीय हैं
आर्यजनों की चरण पादुकाएँ भी
निश्चित पूजनीय हैं
कहो उठा लूँ इन हाथों पर
अथवा कहो उठाकर धरलूँ
मांथे पर...

किन्तु काल-कवलित
उद्धृत इन तथ्यों को
कब तक धरें सरेखें
बीते कल के साक्ष्य
कहाँ किस दिव्य दृष्टि से
देखें...

यह आर्य अस्मिता
आभिजात्य का केवल
प्रश्न नहीं है
यह देवों की अर्घ्य-अर्चना
खण्डित होती ऋषियों की
ऋत-तपः चेतना

परम्परागत दृढ़ सामाजिक
संरचना का
अह्म प्रश्न है
इसे अनर्गल मत उलझाओ
आखिर आर्य वर्ण बीच
इन अनार्य असुरों को
हम क्या स्तर देंगे
पहले इसे बताओ?

ये अनार्य हैं, जन्मजात
अनुदित अनार्य ही
बने रहेंगे
इन्हें आर्य, स्वीकार्य
कभी भी नहीं करेंगे

विश्वरथः तनी भृकुटि कौशिक की,
छलका नृप-कुल का
अभिषिक्त ओज का पानी
जागा शान्त वीरत्व
किन्तु बोले अतिसंयत
वाणी,
विद्या, बुद्धि, विवेक/ज्ञान के
प्रज्ञा-पुत्र/तपो-व्रतज्ञानी
सौम्य महामुनिवर वसिष्ठ
या पद मद में अंध
अहंकृत आर्य पुरोहित
बोल रहे हैं?

सामाजिक संरचना के
इस सार्वजनिक
सह संवर्तन में प्रतिगामी
प्रतिक्रियावाद का हठधर्मी
विष घोल रहे हैं...

क्या है, आर्यत्व का मानक?
मूल्य और परिभाषा
शिष्ट, शान्ति-प्रिय, वाणी
अथवा अंतिमेथ्य, इदम् ही सत्यम्
दम्भ पूर्ण कटु वाणी
गर्हित भाषा?

यह निखिल सृष्टि
साद्यन्त प्रकृति
उस 'परमतत्त्व' शुभ देव त्रयी
सत्ता की कृति है,
जो सूक्ष्म रुप में जड़-चेतन
कण-कण में रमता है
वह उच्च निम्न अभिजात
म्लेक्ष, अन्त्यज, अनार्य
या आर्य नहीं
केवल मानव रचता है

एतदर्थ क्यों
प्रकृति भाव का ही निषेध
कृतिकार और कृति में विभेद
क्या यही श्रेष्ठ आर्यत्व

ऊर्ध्वमुखी सामाजिक संरचना है
या प्रतिगामी सोच
प्रतिक्रियावादी चिंतन है?

यह वर्ण भेद का द्वन्द्व-क्लेश
यह उच्च निम्न का राग-द्वेष
सामाजिक विघटन है
मुझे इष्ट देवों का
शुभ संकेत मिला है,
मैं अभिजन-अन्त्यज का
सारा भेद मिटा दूँगा
आर्य नहीं मानेंगे तो ठहरो!
'मुनिवर'
मैं अपने तपबल से
सबको आर्य बना दूँगा

वसिष्ठः बोले गुरु वसिष्ठ
व्यंग्य की एक कृत्रिम मुस्कान
ओठ पर छलकी
कहा कि अति उत्तम है
स्वागत है, आर्येशु
तुम्हारी, नयी पहल की

किन्तु उच्च आर्यत्व
सनातन संस्कार है
जो माँओं के गर्भ-बीच
शिशुओं में ढलता है
और आनुवंशिकता का

शुभ रक्त वर्ण बन
रग-रग में पलता है,

रक्तवर्ण दूषित हैं जिनके
जो देवों की अर्घ्य-अर्चना से
वंचित हैं
जिन्हें गर्भ से ही हीनज
कटु वृत्ति मिली है
संस्कार खण्डित हैं
क्या वे आर्य संहिता के
साँचे में कभी ढलेंगे
कौन करेगा रक्त शुद्धि
क्या संस्कार बदलेंगे?

विश्वरथ: आर्यत्व क्या मानव की
काया का कोई रूप-रंग, गुण
या वह तप अर्जित, सद्वृत्ति
सतत, ऋत्त निष्ठ अनुसरण-
आत्मदर्श सत्यानुभूति के प्रति
सम्पूर्ण समर्पण

आर्यत्व का उत्स मात्र, क्या
माँओं का गर्भाशय ही
या आचार-संहिताओं की
संस्कृति है?
हम उत्तम कुल आर्य
जन्मना सर्वश्रेष्ठ
इस अहंकार से घिरे

कभी वह सोच नहीं पाते हैं
श्रेष्ठ कर्म ही हर मानव को
श्रेष्ठ समुन्नत, आर्य बनाते हैं

यही देववाणी, कल्याणी
जिन्हें मानवी सत्ता
मानव मूल्य सहज स्वीकार्य
जान ले जो अपना अस्तित्व
स्वयं भी,
वही समुन्नत आर्य

रक्त वर्ण समतुल्य सभी के
रूप, रंग गुण धर्म एक हैं
भेद भाव से रहित
सर्वथा निर्विकार वह
निर्विशेष है

वह अनार्य या आर्य
उच्च या निम्न वर्ण में
कोई अंतर्भेद नहीं रखता है...
संजीवनी शक्ति है वह
समवेत सभी की रग-रग में
बहता है
संस्कार का रूढ़ अर्थ
पर्याय नहीं है
वह आनुवंश गुणधर्मा हो,
अनिवार्य नहीं है

संस्कार उदात्त मानवी
मूल्यों का वाहक है
वह मनुष्य को
मनुष्यता का अर्थ और उद्देश्य
बताता है...

संस्कार शिशुओं में
उनके पालन, पोषण रहन-सहन
प्रारम्भिक, शिक्षा-दीक्षा
स्थिति और परिस्थिति के अनुकुल
सुलभ परिवेश बीचए
ढलकर आता है

अस्तु व्यक्तिगत और वर्णगत
संस्कार परिवर्तनीय है
यह यथार्थ है
सामाजिक संरचना के सर्जक
युगद्रष्टा भी कहते हैं
सुप्त अकिंचन संस्कार भी
जाग्रत हो सकते हैं...

वसिष्ठः किन्तु करेगा कौन
जन्मना संस्कार-संशोधन
किसे प्राप्त है
शास्त्रीय यह विधिकमान्यता
कौन करेगा सुप्त संस्कारों को
जाग्रत

विश्वरथः कोई नहीं करेगा तो
यह गाधिपुत्र ही
एकल
जिसे मिला है देवों का संकेत
कृपामय संबल

वसिष्ठः किन्तु वत्स
इस महाकृत्य का अनुष्ठान
केवल ब्रह्ममर्षि करेगा
तुम तो अभी पदेन
सहज राजर्षि नहीं हो पाये

विश्वरथः हाँ, ये तप-बल अर्जित
ऋषिधर्मी कुछ उच्च उपाधियाँ हैं
त्याग दिया है राजदण्ड
राजर्षि, मान का कोई मोह नहीं है
किन्तु महामुनि, उच्च पदेन
ब्रह्मर्षि-मान्यता
शीघ्र प्राप्त कर
इन अनार्य दलितों को निश्चित
आर्य बनाऊँगा

सप्त सिन्धु के माथे पर
अभिजन-अन्त्यज
ऊँच-नीच का घृणित
कलंकित भेद, मिटाऊँगा
देवों का अनुदेश पूर्ण करना ही होगा
गहन तपस्या द्वारा, अब

ब्रह्मर्षि स्वयं बनना ही होगा

वसिष्ठः क्या अनुदेश दिया है
देवों ने, सच बोलो
यह कि देवों की सत्ता के
अनुयायी इन आर्यजनों के
शुद्ध रक्त में अधम अनार्य
दस्यु-दलितों के कलुष कलंकित
रक्त बीज तुम घोलो?

विश्वरथः नहीं मान्यवर,
देव हमारे सृष्टि जगत् के स्त्रष्टा
भेद, भाव से रहित
सर्वथा समदर्शी हैं
वे समष्टि चेतना-शक्ति
समता, समग्रता
समरसता के आकांक्षी
मानवी चेतना के उत्कर्षी हैं

सुनिये तो संदेश
बन्द करो यह रक्त पिपासित युद्ध
मिटा दो वत्स धरा से
आभिजात्य अंत्यज का
सारा भेद
घृणित यह ऊँच-नीच की
वृत्ति, परस्पर
आर्य, अनार्य के बीच खिंची
यह पार्थक्य की रेख

देवाज्ञा का मर्म
ध्वनित निहितार्थ समझना होगा
गुरु अगस्त्य सह सभी
श्रेष्ठ ऋषियों से निर्भय
कहना होगा

आर्यत्व तो सर्वव्याप्त
जागरण ज्योति है
उसे मुट्ठियों में कसकर
मत बाँधो
आर्यत्व को हृदय छलते
महासिन्धु-सा साधो

चीख-चीख कर धरती, व्योम
दिशाएँ कहतीं
अविरल सरस्वती का
कल-कल ध्वनित निनाद
गूँजती पावन वेद-ऋचाएँ
कहती
खोलो बन्दी आर्यत्व के
महाद्वार पर चढ़ी अर्गला
खोलो
सप्त सिन्धु की रुग्ण रगों में
प्रेम, शान्ति, करुणा का अमृत
घोलो
पूछ रहा है सतत घूमता
काल-चक्र यह बिह्वल
मूक-वधिर क्यों हुआ

मौन बैठा ऋषि-मण्डल

कौन सुनेगा युग-यथार्थ का
आर्तनाद यह
कौन करेगा वैचारिक जन क्रान्ति
भेदकर कट्टरपन की
हृदय-व्यूह-संरचना
कौन करेगा ध्वंस निरंकुश
अहम्वाद यह

आर्यत्व के अहंकार को
कब तक पालोगे?
वर्तमान के त्वरित प्रश्न
अज्ञात अनिश्चित भविष्य पर
कब तक टालोगे?

इन प्रश्नों से आहत
सम्प्रति
देवाज्ञा से प्रेरित-घोषित
करता विनत विश्वरथ
त्याग भरत के राजदण्ड का
वैभव-मोह-मनोरथ
मैं अनी तप-सिद्धि शक्ति से
आर्यत्व के कट्टर पन की
दृष्टि बदल दूँगा

प्रतिगामी, इस सप्त सिन्धु का
संविधान ही नहीं

सनातन वासिष्ठी यह
सृष्टि बदल दूँगा...

कहकर सहसा उठे विश्वरथ
शान्त भाव से
मुखमण्डल पर आत्म गौरवी
आभा छलक रही थी
दीप्त नेत्र, विद्युती दृष्टि
समवेत तपः ऋत निष्ट
चिरन्तन शान्ति अलौकिक
पुलक रही थी
नृप दिवोदास से बोले
'राजन'
निष्फल हुए यत्न कुल
मेरी शान्ति पहल के
किन्तु आज के सहज प्रश्न भी
बन जाते हैं
बड़ी चुनौती कल के

अब मैं कुछ दिन तपोनिष्ट
ऋत-सत्य ज्ञान की पूर्ण प्राप्ति तक
गहन तपस्या की ज्वाला में
दहक-दहक
देवों से ही इन प्रश्नों का
उत्तर माँगूगा
पूर्ण लक्ष्य की प्राप्ति हेतु
हे राजन...

कौशिक कुल का राजदण्ड
ही नहीं, प्राण तक त्यागूँगा
अस्तु, मान्य हे,
'नृपमण्डल' के प्रिय नरेश
मेरी सिद्धि प्राप्ति तक
कृपया, इन वंदी अनार्यों को भी
पूर्ण अतिथि-सम्मान
भाव से पालें
अतिथि, देव भव की
भूषित छवि राजन
स्वयं सम्हालें

मेरा अब तक का प्रयास
इस बीच कहीं भी
अगर व्यर्थ होगा
तो सुनिये, हे राजन!
पावन आर्य भूमि पर
महा अनर्थ होगा

आश्वस्त पूर्ण संकल्प
कृत्य कहते-कहते
उठ गये सकल मन का
निमित्त
होकर सुचित्त

मणि कान्तिमयी
काया विराट्
उत्तुंग भाल, भास्वर विशाल

दीपित लोचन
गजगमन चाल

चले पूर्ण प्रतिबद्ध
तपस्या हेतु 'विश्वरथ'
त्याग, भरत-कुलका
यश अर्जित राजदण्ड
शुभ, स्वर्ण मुकुट की आभा-
उठा सूर्य-सा तेज
तिरोहित हुई धरा की द्वाभा-

गूँज उठी प्रतिध्वनित
व्योम-वाणी
कल्याणी
वत्स तुम्हारा त्याग
महासंकल्प फलित हो
तपः सिद्धि की प्राप्ति
लोक-मंगल मुखरित हो

१६ वाँ सर्ग

विश्वामित्र

यह पर्वत गौवांत
खड़ा तपनिष्ठ संत-सा
तुंग शृंखलाओं पर लटके मेघ
सघन विपटों के झुरमुट
पोर-पोर गदरायी
हरित-लताएँ

बीच घाटियों से उड़ते
ज्यों नील कमल के
गंधसने मकरंद
नाचते विहग खोलकर पंख
बाँधते विश्वमित्र के
तपोशक्ति की
तपोशक्ति की
पावन वृत्त-कथाएँ

इसी पुण्य-पर्वत के
विटपाच्छादित कंट
कुशासन पर

समाधिस्थ तपोनिष्ठ
'विश्वरथ' आर्यत्व की
ज्योति-शिखा...

ऋत-ऋजुता ताजगा रहे थे
दहक-दहक तप की
ज्वाला में
अभिवंचित अनार्य शूद्रों में
संस्करागत शुचिता
जगा रहे थे

बीते अनगिन दिवस
मास, पर्वत-सी रातें
तप्त तवे-सी खड़ी दहकती धूप
चढ़ी मेघों पर
घन पावस हिमानिल
हिमाघात व्याघात निरंतर
सहते

अंतः आत्ममुखी हो
देव पितरों से कहते
ज्योति, कलश की एक किरण दो
जगे तुम्हारी सत्ता
क्या है ऋत इस सत्य
ज्ञान का अर्थ
और अर्थवत्ता?
कृपा करो हे देव पितृजन
मेरे सम्मुख आओ

अंतर्मन के दीप बुझ रहे
दीप से दीप जलाओ

भटक रहा दिग्भ्रमित
हुआ मैं सत्यासत्य-प्रदिष्ट
ज्ञान की अन्ध गुफाओं में
आत्म शक्ति दो
पंथजयी विश्वास जगे
उल्लास नया भर दो
मिले मुझे गन्तव्य हमारा
पथ प्रशस्त कर दो

अवचेतन में थम गयी वाणी
पल भर घिरा अँधेरा
नेत्र बीच से उभरा
अरुणिम एक वृत्त का घेरा

आह्वान सुन
पिता गाधि
माँ, घोषा पहले
तदन्तर कुल श्रेष्ठ
पितामह कौशिक
प्रकटे
आर्य पुरुष कल्याणिक
अरुण वृत्त घेरे से, सहसा
गूँज उठी प्रिय वाणी

कौशिकः यह कैसा हठयोग पुत्र

क्यों किया सजल आह्वान
कैसा यह संकल्पबद्ध
दृढ़-व्रत अभियानी?

क्या है, तेरा पंथ और
गन्तव्य तुम्हारा
राजधर्म का पालन, अथवा
तपोनिष्ठ हो,
पुत्रधर्म का असामयिक
पलायन?

सत्य-ज्ञान के लिए
तपोव्रत मार्ग पुनीत उत्तम है
लेकिन तुम तो
सप्त सिन्धु के भावी
तृपमण्डल नरेश भी
संकल्पों के पाँव बँधें हैं
राजदण्ड की
मर्यादाओं से

तो क्यों
ऋषि देवों की वाणी से
अभिषिंचित
धरती से आकाश अतल तक
महिमा मण्डित
गाधिराज का मुकुट यशस्वी
'घोषा' की वत्सलता
सन्तति मोह विकलता

और पिता के स्वप्न विद्ध
मानस पीड़ा से असम्पृक्त
त्याग दी तुमने,
भरतवंश की यशस्व-अस्मिता
लुप्त हुआ नैश्चित्य
अनिश्चित हुई राज्य की
भविता

क्या होगा भवितव्य
कुशिक-कुल की सत्ता के
राजमुकुट का
सन्तति वंचित राजमहल में
कौन दिया बारेगा, प्रियवर
कौन पितृजन को तारेगा?

विश्वरथः अल्पबुद्धि हूँ, देव
कहूँ क्या स्यात् धृष्टता होगी
राजदण्ड धारण कर
किसने शान्तिपूर्ण जीवन की
शुचिता भोगी?

राजदण्ड का अर्थ
निरंकुश सत्तामद का अहंकार
घातक शस्त्रों की होड़
निरंकुश क्रूर युद्ध-प्रतियुद्ध
भयंकर हिंसा, नरसंहार
सृष्टि का ध्वंस
प्रकृति का निर्मम घृणित

विनाश

राजदण्ड का अर्थ
पाँव के तले कुचल दो
सत्य, अहिंसा प्रेम, शान्ति
करुणा के सारे उच्च मानवी
मूल्य
राजदण्ड का धर्म
न पालन कर पाऊँगा
निरापराध मैं नहीं किसी का
रक्त बहाऊँगा

पूज्य पितामह
भ्रमित हुआ मैं
भटक रहा हूँ गहन
अँधेरे में
मुझे दृष्टि दो,
सीधी राह दिखाओ
संशय, विभ्रम, द्वन्द्व पाश से
मुक्ति दिलाओ

कौशिकः बड़ा जटिल है प्रश्न
पुत्र क्या उक्ति बताऊँ
दिग् विजयी चिर लक्ष्य
भरत कुल की सत्ता का
किन्तु तुम्हारा मार्ग भिन्न है

तुम्हे मिले गन्तव्य

बढ़े कौशिक-कुल की
छवि-कीर्ति
तुम्हारे तप की बढ़े महत्ता
तुम देवों के कृपा पात्र हो
मानस-पुत्र वरुण के
तपसी, सिद्ध बाल कवि
ज्ञानी मन्त्र सूक्त स्त्रष्टा हो
करो पुनः आह्वान
माँग लो इन्द्र, अग्नि, सविता से
अपने ईष्ट वरुण से
स्थिति जन्य जटिल प्रश्नों का
समाधान ऐच्छिक विकल्प
पुत्र यह छोड़ो संशय द्वन्द्व, बिछोह
विकलता

उन्मुक्तभाव से कर विमर्श
उपयुक्त सामायिक
नवल सूत्र
देकर यह शुभ मन्त्रणा गुप्त
अरुणाभ वृत्त
हो गया लुप्त...

हुआ प्रमुद मन शान्त
सान्त्वन
मिला पितामह का
अभीष्ट आशीष
सामयिक सह विमर्श
संवेद्य चेतना फूटी

दीप्त नेत्र
द्योतित मुख मण्डल
चन्दन पूरित भाल
दिव्य चन्द्रक त्रिपुण्ड्र
समवेत सघन शिर
धवल केश
लट खुली हवा में उड़ती
उठती यज्ञ कुण्ड से
समिधा सनी हविर की
भीनी गन्ध अनूठी

पुलक उठा तन रोम-रोम
मन सुखद भाव से प्रेरित
प्रसरित तने युगल भुजबन्ध
उभय दृग बन्द
याचना की मुद्रा में
पसर गयी, अनुरक्त
दीन, दयनीय अंजुलि
लगी गूजने मुखरित
याचक वाणी

हे देवाधिदेव, इन्द्र
हे, ज्योतिर्मय, हे सूर्यदेव
हे अग्नि वरुण
हे सोम, अदिति
हे, पितृ देव
कल्याणी

मैं गाधिपुत्र
तपनिष्ठ, विश्वरथ
बुद्धि हीन, अल्पज्ञ
और तुम सर्वभूत सर्वज्ञ
सुनो मेरा कातर
आह्वान

तपः ऋत, सत्य, ज्ञान की
मन्त्र मुग्ध अभिव्यक्ति
समर्पित मंगलप्रद
अनुरक्ति
पदेन ब्रह्मर्षि शक्ति दो

आर्यों की जिस महाशक्ति
संगठन हेतु
गुरुवर्य अगस्त्य का
सारा जीवन बीता
जिस महान् उद्देश्य
पूर्ति के लिए उन्होंने
असंभाव्य, अजेय
अनार्यगढ़ शम्बर जीता

अहंकार से घिरे हुए
जिन आर्यनृपों की अक्षुण्ण
एकता के निमित्त
गुरु बने दीपप की बाती
मिटा अंधेरा
विजय पर्व के मद में

हुए मदान्ध
विखण्डित हुई एकता
निजी महत्वाकांक्षाओं ने
घेरा

बढ़ने लगी शत्रुता
कटुता
महालक्ष्य के पाँव
शून्य में लगे भटकने
हुआ विखंडित ऋषि अगस्त्य का
महासंगठन
अहंकार की बुझी आग
फिर लगी दहकने

समझ सके क्या
अहंकार में स्वयं निरंतर ग्रस्त
आर्यत्व के आभिजात्य से मुग्ध
महान अगस्त्य...

सभी पंचजन कुल की
यही कहानी
मोह भ्रष्ट हो, लोभग्रस्त
सब हुए महाअभिमानी

दिवोदास का लोभ
निरन्तर युद्ध विजय का वरण
और गर्वित सुदास का लोभ
तृप्सु की भावी सत्ता

ऋषि वसिष्ठ को
तपः शुद्धि का ध्यान
पुरोहित छवि, पदेन कट्टरता

आर्यत्व के अहंकार से
ग्रस्त पुरोहित ऋषि वसिष्ठ
कहते हम जन्मना श्रेष्ठ
उत्तम, सवर्ण
आभिजात्य श्रेष्ठ, सर्वोपरि है

ये अनार्य, अस्पृश्य
जन्मना अधम, अयज्ञ
अस्तु, सर्वथा त्याज्य है
कहा, उच्च आर्यत्व
सनातन संस्कार है,
जन्मजात, जो रक्त-कणों में
ढलकर उन्हें सजोते हैं
संस्कार संशोध्य नहीं
होते हैं...

श्रेष्ठ मनीषी
ऋत अन्वेषी, मान्य
उच्च वर्णी ऋषियों की
अप्राकृत यह सोच
कूप मन्डूक वृत्ति
यह प्रतिगामी चिन्तन है

आर्य पुरोहित वसिष्ठ का

यह अहंकार
अभिजन-अंत्यज का
उच्च-निम्न का भेदभाव
यह कट्टरपन
दैवी सत्ता का अवमूल्यन
यह मानवता का
तिरस्कार

जिस आर्यत्व का
संश्लिष्ट आकार
सहज विस्तार न हो
जिसके वैचारिक चिन्तन में
संतुलन नहीं
कट्टरपन हो

जिसमें समष्टिगत भाव
संस्कारों में
मुक्त प्रवाह न हो
जिस आर्यवर्ण में,

प्रेम, शान्ति करुणा
संचित सौहार्द
दीन-दलितों के प्रति
औदार्य न हो
वह रूढ़ वर्ण आर्यत्व
हमें स्वीकार्य नहीं

सप्तसिन्धु की धरती पर

यह आर्य-अनार्य
अभिजन अंत्यज की
गहरी खांई तुरत
पाटनी होगी

वर्णभेद, अज्ञान, अविद्या,
अहंकार का हेतु
मानसिक हीनवृत्ति यह
पाँव पड़ी संकीर्ण
बेड़ियाँ, देव काटनी होगी

कहते कहते हुए भाव अनुरक्त
सुखद अनुभूति जन्य
अभिव्यक्तिमुखर हो
फूटी कविता
लगे थिरकने अधर पटल पर
स्तुतियों के सूक्त
शुभ-मंत्र दिव्य-भावमय
गेय छन्द
प्राण ऊर्जा के पावन
ऊर्ध्वमुखी, स्तोत्र
ऊँ भूभुर्वः स्वः तत्सवितुर्वरेण्यं
भर्गो देवस्य धीमहिं धियो
यो नः प्रचोद्यात्

बोलो सुरपति
इन्द्रदेव हे ऊँ भूभुर्वः
सवित देव, हे ऊँ भूभुर्वः

पूज्य वरुण हे,
बन्द नेत्र पट खोलो
उतरो देव लोक से
भू पर अन्तर्घट से
सस्वर बोलो
ऊँ भूर्भुवः....
फूट रहे थे
अविरल, सस्वर सूक्त मन्त्र
गेय छन्द
पुनीत स्तोत्र
ध्यान मुद मग्न
स्वयम् में पुलक रहे थे
उलझे मन के तार-तार
ज्यों सुलक्ष रहे थे

भावप्रवण, स्निग्ध
चेतनाविरुद्ध
दीर्घ तप योग सिद्धि से
उतर गये ऋत मग्न
वरुण के देव लोक में
बोले कातर वाणी

देव तुम्हारा
तपोपुत्र यह दीन विश्वरथ
पूछ रहा है तात
तुम्हारी सृष्टि सृजन की
यह कैसी विचित्र
विडम्बनापूर्ण प्रणाली

एक अनुत्तरित प्रश्न
चुनौतीपूर्ण बना है

तुमने तो केवल
मनुष्य ही रचे
तो आखिर तथाकथित
ये आर्य-अनार्यजन कौन
और किस देव शक्ति ने
इन्हें जना हैं?
आर्य-अनार्य का
वर्णभेद ही सप्त सिन्धु की
सामाजिक विघटन का
कारक हेतु
शत्रुता, घृणा, जुगुप्सा
महायुद्ध का सेतु बना है

आर्य स्वयं को
सर्वश्रेष्ठ क्यों कहते
क्यों अनार्यजन आर्य
नहीं हो सकते?

भावमुग्ध हो,
कण्ठ हुए अवरुद्ध
थम गये,
उर के उमड़े छन्द
उभय दृग बंद
चेतना शून्य घिर गया
पल भर सघन अँधेरा

फूटी दिव्य ज्योति
ज्योतित
खुलगये नेत्र
देखा ज्यों चलगामी होते
सूर्य देव का
अरुणिम बिम्बक रूप
उतर कर धरती पर
पसर गया है परिसर में
अरुणाभ वृत्त का घेरा

और
अरुण वह बिम्ब
अचानक
सिमट स्वयं में
सहज बन गया
स्वर्ण रश्मि रथ
प्रकटे सूर्य देव
ज्योतिर्मय
शुभ्र सुवर्ण तप्त
तेजोमय, उज्ज्वल
रत्नजड़ित मणि–मुकुट
कवच, कुण्डल
छवि दिव्य समुज्ज्वल

प्रखर, दीप्त
आलोक पुंज से
चकाचौंध कर

लुप्त हो गए सूर्य
दृष्टि गोचर हो क्षण भर

देख, चमकृत
सम्मूर्च्छित हो
बैठ गये दृग मूँद
विश्वरथ
गूँज उठी सम्मुग्ध
व्योम-वाणी
कल्याणी
धन्य-धन्य
तुम धन्य विश्वरथ
तपोनिष्ठ तुम
अतिरिशिष्ट
तुम सर्वश्रेष्ठ
तुम मैत्रावरुण
वसिष्ठ जयी
तुम सृष्टि जयी
स्व रचित
तुम्हारा भावपूर्ण
यह सूक्ति-मन्त्र
यह आत्मजयी उत्कर्ष
'यंत्र'
जन कण्ठ-कण्ठ में?
अमृत घोल रहा है

लो सुनो
समूचे सप्त सिन्धु का

कण-कण
बोल रहा है

ऊँ भूभुर्वः...
खुल गये नेत्र
ऋत मग्न
घोर तप, व्रत, अनशनन से
थकी-थकी-सी काया
लेकिन...

मुखमण्डल पर
तेजस्वी, अभिषिक्त
दिव्य-मणि-आभा

शान्त भाव से
लगे उतरने, तप प्रवृत्त
पर्वती शृंग से नीचे
देखा
उमड़ पड़ा था
भारी जन समुदाय
आर्य-अनार्य
ऋषिगण अनेक
यमदग्नि, अर्थवण
मैत्रावरुण-अगस्त्य
भगवती लोपामुद्रा

दिवोदास सँग
तृप्त ग्राम के मधवन

बजते ढोल, मृदंग
थिरकते पाँव
शंख, ध्वनि बीच
प्रतिध्वनित
महातपस्वी
आर्य-अनार्य
संगम के पावन सेतु
पदेन 'ब्रह्मर्षि'
मान्यवर विश्वामित्र
प्रशस्त
अगस्त्य की जय हो

उतरे ऋषि-कुल-केतु
धरा पर
विश्वामित्र
महान् तपस्वी
कालजयी, युग द्रष्टा

समतामूलक
ऊर्ध्वमुखी, सामाजिक
संरचना के
अद्‌भुत स्रष्टा

भारीजन समुदाय
उत्सवी भीड़ बीच
अभिनन्द्य
विश्वरथ खड़े
एक मंगलमय

सुखद घड़ी थी
आर्य-अनार्य जन बीच
परस्पर
एक नये स्वर्णिम
भविष्य की
जुड़ती नयी कड़ी थी

खड़े तृत्सुनृप दियोदास
ऋषिगण, मधवन जन
चरण-धूलि पाने को
लोलुप ललक रहे थे
गुरु-अगस्त्य
लोपामुद्रा संग खड़े
स्वयं अभिभूत
गर्व से पुलक रहे थे

देख हुए
ऋत मग्न विश्वरथ
विनत झुक गये
श्री चरणों पर
लिया भुझाओं में भर गुरु ने
और
सजल हो
ऋषि अनिन्द्य सुन्दरी
पदेन भगवती
तपस्विनी
लोपामुद्रा बोलीं

धन्य पुत्र
तुम धन्य
तुम्हारा तपोजयी
संकल्प
अलौकिक
अविकल्प

तप की ज्वाला में
दहक-दहक
तुम हुए
यशस्य 'ब्रह्मर्षि'
अलंकृत देवकल्प
तेरे स्पर्शन योग्य नहीं
रह गये
चरण ये मेरे
गुरु अगस्त्य
आश्वस्त
हर्ष बिह्वल
दृग छलके
ऋत निमग्न बोले
प्रिय वाणी-

सत्य कहा है वत्स
भगवती लोपा ने
हे महातपस्वी
लोकबन्धी कल्याणी
तेरी तपः शक्ति से
अर्जित

आर्यत्व का
ऊर्ध्वमुखी उत्कर्ष
अलौकिक
असंभाव्य
अलभ्य
सुनो हे विश्वामित्र महान्
तुम सप्तसिंधु के
दिव्य भाल
सामाजिक संरचना के
मंगल केतु
संतुलन, समग्रता,
समता, समरसता,
प्रेम, शांति, करुणा के
सागर-सेतु
लोक-मंगल निमित्त
सन्नद्ध
राजसत्ता का निर्भय त्याग?
सर्वथा वन्दनीय
हे, वीतराग
हे, पदेन ब्रह्मर्षि जयी
हे, विश्वमित्र
हे युग के भवितव्य
तुम्हारे तेजो मंण्डित
ऋत-तप की ज्वाला में
जलकर
भस्म हो गया
आर्यत्व का अहंकार
अज्ञान, अविद्या

भेदव-भाव
हर द्वेष-राग
कटु कलुष हृदय का
अंधकार

तुम महामन्य
तुम धन्य-धन्य
हे वत्य
तुम्हारा तपोजयी आह्वान
हमें स्वीकार्य
तुम्हारे ऋत प्रेरित
इस सप्त सिंधु की धरती पर
अब कोई नहीं
असुर, अस्पृश्य अनार्य
या कि अभिजात
आर्य
केवल मनुष्य है,

कहते कहते
भाव मग्न हो
पुलक उठे गुरु
देख, विश्वरथ
सजल, झुक गये
पुनः चरण पर
भावुकता का
बढ़ता वेग सम्हाला
गुरु निढ़ाल
दी डाल गये में

पुष्प-गुच्छ की माला

हुआ तुमुल जयघोष
अनिश्चय, भय
संशय, जड़ता का
घेरा टूटा
उमड़ा जन-सैलाब
मुग्ध, समवेत
एक स्वर कण्ठ-कण्ठ से
फूटा
ऊँ भूभुर्वः स्वः तत्सवितुर्वरेण्यं
भर्गो देवस्य धीमहि धियो
यो नः प्रचोदयात्

१७वाँ सर्ग

सम्बोधन

ऋषियों में भी श्रेष्ठ
महाऋषिवर्य,
पदेन श्री 'विश्वामित्र'
महान् –
मंच पर हुए समादृत

शम्बरगढ़ की
प्रणय कथा से
दोनो, आर्य कुलों के
सद्यः महामिलन तक की
जुड़ गयी कड़ी थी–

प्रखर तपस्याजयी
नयी सामाजिक
संरचना के शिल्पी
युगद्रष्टा
अभिनन्द्य महाऋषि
'विश्वमित्र के
अभिनन्दन की

सुखद घड़ी थी–

उमड़ रहा था
भारी जन सैलाब
उठ रहे थे रह–रह जय–घोष
सनातन उत्सव धर्मी
तृप्सु ग्राम की एक शाम
बन गयी पुण्यजित
तीर्थ धाम–

झुक गया गगन
कृतकृत्य हुई पावन धरती
तन गया भाल
विनयावत
थम गया काल
उन्मुक्त थिरकने लगी
प्रकृति

ले बहुरंगी षठ ऋतियों का
शुभ–तिलक थाल
सरिताओं ने की
लहर–लहर कर करतल ध्वनि
घाटी में उतरा सूर्य
विदा ले,
किया नमन
रह–रह कर बढ़ता रहा
निरंतर जनसंकुल
ऋषिगण, नृपजन

मधवन, जन-जन
समवेत सभी मन मुग्ध
मगन थे-

किन्तु 'विश्वरथ'
अनासक्त
मन के अवचेतन
अन्तरंग में ही निमग्न थे
बुझी-बुझी बोझिल पलकें
अलसित, निद्रित से,
मुंदे नेत्र
लगता था
ज्यों सोये थे
उभर रहे थे
कुछ अतीत के चित्र
विगत स्मृतियों में
खोये थे

शंवरगढ़ की वह
नयी सिंदूरी भोर
देव पूजन,
आचमन-अर्घ्य की
पावन वेला
बिना पूर्व संकेत
प्रवेश निषेध, सर्वथा
तदपि हुई पगध्वनि
देहरी पर
और अचानक

अनाहूत वह निर्भय
कक्ष–प्रवेश
विदुर–विध
वह मोहक मुस्कान
व्यंग्य–वेधित, कटाक्ष
वे चारु चपल, दृग–कोर
और वह आर्यत्व का ज्ञान–
विरल वह
मुखर वक्तृता–
विरल अछूते तर्क
"नारी सृष्टि की उलझी पहेली
प्रकृति–माया की रहस्या
या सनातन–सृष्टि की
जननी, नमस्या"
याकि वह
निमर्य अमंगल
क्रूर शापित सत्य
मैं महर्षि 'अगस्त्य' के घुर शत्रु
शम्बर की दुलारी
प्रिय अनन्या
राज कन्या शाम्बररी हूँ'
और वह
अद्भुत असपर्ण
"चाहती हूँ बरस कर
मैं सिन्धु बन जाऊँ सनातन
वह चलूँ अनुदित
अहर्निश,
प्रेम, करुणा, शान्ति की,

जलाधार बनकर
दूर के दोनों तटों के बीच"
इस तरह विगत स्मृतियों के
कुछ वृत्त-चित्र
सहसा मानस के
दृश्य पटल पर
लगे थिरकने, अनावृत
संवेद्य सजल
अनुभूति जगी
रुँध गये कण्ठ
भर गये नेत्र-

रोमांचित तन
अनुप्राणित मन के
लगे खनकने तार तार
ज्यों स्वर-निबद्ध
झंकृत सितार
अवरुद्ध कण्ठ से
गूँज उठी वाणी अनन्य
तुम धन्य-धन्य
धन्यन्य
तुम्हारी नारी का
अस्तित्व बोध
वह निः श्रेयस् वैदिक दर्शन
करुणा, समता, दया
ईश्वरीय गुण विहीन
उसका मानव-जीवन
सर्वथा हीन

अस्तित्व
आलौकिक
लौकिक दोनों में है

अस्तु,
मानव जीवन का लक्ष्य
श्रेष्ठ शुभ कार्यों द्वारा
सत्यम्, शिवम्, सुन्दरम् की
अभिव्यक्ति
दिव्यता-प्राप्ति
महाऋषियों की
अमृत वाणी–

तुम इसी चिरंतन
सत्य सन्ध की दृष्टि नयी
ज्योतिर्यमयी
तुम सृजन-सेतु
तुम सप्त सिन्धु की
धवल हेतु
हे, कल्याणी
हुआ तभी आह्वान
शंख-ध्वनियों पर
झंकृत–
गूँज उठीं अभिषेक्य
अर्घ्य की
पावन वेद ऋचाएँ

खड़े 'विश्वरथ'

सहज मंच पर
डूब गये आकण्ठ
पुष्प, केसर, चन्दन में
महंक उठी मह–मह
सान्निध्य दिशाएँ–
शान्त चित्त
ऋषि 'विश्वमित्र'
निवृत्त खड़े थे
पुलक रहा था
देख सृह्रद ऋषि मण्डल
छलक रहा था
तपोपुण्य रहा था
तपोपुण्य का तेज
दिव्य मणि काया से–
उलझे–उलझे केश
शुभ उन्नत ललाट
शुभ चन्दन पूरित भाल
भरित गद कण्ठ
कमल दल पुष्प भाल–

घुटनों तक लुलिक
विशाल बाहु,
पद–नवल पादुका
और पदम् कर शोभित
सिद्ध–कमण्डल

उठा पुनः जयघोष
देख, जनमानस की

जिज्ञासा–
बोले गुरु 'अगस्त्य'
वत्स हे,
सुनो–
तुम्हारे तप से प्रेरित
सारे आर्य कुलों का
ये जय घोष
ध्वनित निहितार्थ
एक स्वर
एक निष्ठ, आह्वान
इन्हें दो
मानव–जीवन का तात्त्विक
कुछ ज्ञान
क्या है?
वैदिक दर्शन का आधार
और ऋत–सत्य
शाश्वत शान्ति प्राप्ति का मार्ग?
व्यष्टि में समष्टि का
विस्तार?

बोले 'विश्वामित्र' हुआ मैं,
स्वयं आज कृत–कृत्य
मिला मेरे अल्पज्ञ ज्ञान को
महामनीषी
ऋषि–गुरुओं का
चिर अभीष्ट आशीष

जिनके अर्जित

तपोपुण्य के आगे
प्रायः झुक जाते हैं
हंकृत पर्वत शिखर
अंजुली में ही
साध्य सिमट जाते हैं
गहरे सागर
उन श्री चरणों को
नमन हमारा
शत–शत वन्दन
और यह
वैदिक दर्शन
जैसा मैंने
ऋषियों के सान्निध्य
स्वयं भी चिन्तन कर
कुछ जाना

वैदिक चिन्तन?
मानव जीवन के
सांस्कृतिक, पूर्ण अभ्युदय
निः श्रेयस का
सहज समन्वय
स्थापित कर
सभी समस्याओं का
निश्चित समाधान देता है

वह व्यष्टि और
समष्टिगत चेतन का
सर्वांग

सर्व विध
सर्वजन्य
अनुदित विकास का
पंथ प्रणेता है
वह वर्ण–जातिगत
भेदभाव से भिन्न
सर्वथा
कथित वर्ग–संघर्ष
और हिंसा का द्रोही
वह कोरा आदर्श नहीं
सुशासन और समाज
व्यवस्था
विश्व शान्ति
ब्रह्माण्ड ज्ञान का स्त्रोत
सुनिश्चित दर्शन का
आधार
शास्त्र का मान्य कथ्य है
वह अधुनातन
विज्ञान–शोध
सिद्धान्त
निकष पर
पूर्ण सत्य है

और सुनो
हे अमृत पुत्रो!
वैदिक ऋषियों के
चिन्तन का शुभ कीर्तिमान
ऋत–सत्य तत्त्व का ज्ञान

आदिम तपःपूत
ऋषियों ने
जिज्ञासित हो
स्वयंमेव सत्यानुभूति से
देखा
महासृष्टि के मूल तत्त्व में
विद्यमान कुछ शाश्वत,
अटल नियम हैं–
जो इस सूक्ष्य, विराट्
अखण्ड ब्रह्ममाण्ड विश्व के
अमित अनन्त
वस्तु रूपों को
एक सूत्र में ग्रंथित
किये हुए हैं

सर्वमान्य
विज्ञान–ज्ञान भी
कहता है
कोटि–कोटि शतकोटि
प्रकाश वर्षों की दूरी पर
स्थित
चन्द्रमा, सूर्य
ग्रह तारे
सारे
नक्षत्रों में

अणु–परमाणु
विकास–विलय के

जो भी नियम नियत हैं
वे सभी नियम
इस पृथ्वी पर भी रत हैं

प्रायः यह अनुभूति
सभी जड़-चेतन में
समवेत
हुआ करती हैं–
सभी दिशाओं-कालों में ही
विश्व-प्रवाह की
एक अखण्ड धारा
निर्बाण प्रवाहित होती
रहती है
अनगिनत
परीक्षण, शोध
विशेषज्ञों ने
मिलकर किये
किन्तु ये नियम
कभी भी खण्डित
नहीं हुए

इस विरल
सत्य के हेतु
विश्व व्यापित
ये अटल नियम हैं
जो सर्वत्र
सभी जड़-चेतन में
विस्तार लिये रहते हैं

विज्ञान इसे सर्वोच्च नियम
वैदिक भाषा में
इसे सहज
ऋत सत्य ज्ञान कहते हैं
ऋत सत्य तत्त्व के
क्रियाशील दो पृथक् क्षेत्र हैं
प्राकृतिक जगत् में क्रियाशील
ध्रुव अटल
और
व्यापक नियमों को 'ऋत'
आध्यात्म जगत् में तदैव
क्रियाशील
नियमों को प्रायः
सत्य ज्ञान कहकर
अभिव्यक्ति किया जाता है
सृष्टि-प्रवाह में
'ऋति' की जो सत्ता है
मानव के
नैतिक जीवन में
सत्य तत्त्व की
वही महत्ता है

सृष्टि जगत् के
जड़-चेतन सब जीव-जन्तु
चर अचर और
ब्रह्माण्ड विश्व के बीच
संतुलित
सूर्य, चन्द्रमा, ग्रह, नक्षत्र

अनगिनत
अदृश्य दृश्य सारे
तारे
अनन्त कुल
इसी शाश्वत अटल
नियम ऋत सत्य
मार्ग के अनुयायी
आद्यन्त
स्वयम् गतिमान
नियंत्रित हैं–

'सृष्टि'
ईश्वरीय सत्ता की
अभिव्यक्ति
और ऋत-सत्य
उसी के नियमन की
आचार संहिता है–
अतः वह निखिल
विश्व ब्रह्माण्ड
'अस्ति' का
स्वयंभूत
साधर्म्य पिता है–

एतदर्थ
सम्पूर्ण विश्व-मानव
परंपरागत
भाई-भाई हैं
वाह्य रूप में भिन्न

किन्तु हम
तत्त्व रूप में
ईश्वरीय सत्ता की
एक इकाई हैं

यही व्यष्टि
सन्निहित समष्टिगत
चिन्तन का आधार
यही है आत्म अभ्युदय
निः श्रेयस्
ऐश्वर्य-प्राप्ति का
मार्ग
शान्ति का महाद्वार है

अस्तु सुनो
मेरे अनन्य प्रिय
अमृत पुत्रों
ईश्वर के शाश्वत
नियमों को
स्वानुरूप जीवन में
स्वयं उतारो-

एक स्वस्थ
अभिनव समाज की
संरचना के लिए
समर्पित
व्याष्टि और समष्टि
चिन्तन का हित

निमित्त, स्वीकारो
वर्ण, जाति, धर्मांध
निरंकुश, सम्प्रदाय
संकीर्ण अंधविश्वास
चक्र का
बढ़ता घेरा छाँटो

प्रतिगामी
प्रतिक्रियावाद से ग्रस्त
मनों का घिरा
अँधेरा, काटो

समता समरसता
समग्र सौहार्द भाव की
उलझी कड़ियाँ
काटो

अहंकार, अज्ञान
अविद्या, आडम्बर की
पाँव बँधी, अभिशप्त
बेड़ियाँ तोड़ो

छूट गये जो पीछे
अपने दीन-हीन शोषित
अशक्त संतापित
वे दलित दबे-कुचले
अछूत अन्त्यज
अभिशापित

सामन्ती
कट्टरता का
वह कुत्सित प्रमाद
वह अहंवाद
मनु वर्णवाद
वह रुग्ण रूढ़
अभिशप्त व्यवस्था
तोड़ो

एक समत्व
सायुज्य, सरस
उज्ज्वल समाज की
संरचना के लिए
सभी को
एक शाश्वत
प्रवहमान
अविरल धारा से
जोड़ो

यही सृष्टि रचना का
मंगल हेतु
विश्व ब्रह्माण्ड
शक्ति-संतुलन
समन्वय-सेतु

आर्य और आर्यत्व-पंथ का
कर्मनिष्ठ

अभिधर्म
तपस्वी
ऋषियों का
तपजयी शोध
ऋत-सत्य बोध है

यही शान्ति का
मुक्त चिरंतन मार्ग
व्यष्टि में
समष्टि का अभ्युदय
मुक्ति-दर्शन है

यही सुभाषित
सत्यम्, शिवम्, सुन्दरम् की
अभिव्यक्ति
दिव्यता प्राप्ति
लोक-मंगल का
आह्वान सुनो
हे अमृत पुत्रो!
तुम्हे मिले
गन्तव्यजयी मन्तव्य
सुयश समृद्धिमयी
भवितव्य
तुम्हारा पथ प्रशस्त हो

तुम बनो यशस्वी
विश्व शान्ति
बन्धुत्व, मैत्री,

समता, समरसता का
भावी अग्रदूत
संकल्पजयी प्रत्यय हो
जगे आत्म विश्वास
तुम्हारा
जीवन मंगलमय हो

बोलो सस्वर स्वयम्
ऊँ तत्सवितुर्वरेण्यम्
जीवेम् शरदः शतम्
बुध्येम् शरदः शतम्
ऊँ :–ऊँ :–ऊँ :–

●●●